読書する人だけが
たどり着ける場所

齋藤 孝

SB新書
460

まえがき

いまこそ本を読むべきだ。

読書の楽しみや効用について、私はこれまでも繰り返し語ってきました。

いつの時代も、読書は素晴らしいものです。思考力を伸ばし、想像力を豊かにし、苦しいときも前進する力をくれる。自己を形成し、人生を豊かにするのに欠かせないのが読書です。その価値はずっと変わらないのですが、あえて「いまこそ」と言いたいと思います。

「本を読まなくなった」とはずいぶん前から言われていることです。もう耳にタコができているという人もいるでしょう。

それで耳が痛いというならまだいいですが、「それがどうかしましたか?」と開き直っている人があまりにも多い印象です。

先日、恐ろしいデータを目にしました。「読書時間ゼロ」の大学生が過半数を超えた、というものです（第53回全国大学生活協同組合連合会による学生生活実態調査。53・1％が1日の読書時間を「ゼロ分」と回答）。

大学で教鞭をとっている者としてうすうすわかっていたことですが、数字を見るとやはり衝撃でした。理系の学生が本ではなく論文を読んでいて、実験や計算に多くの時間を使っているというのならまだ理解できますが、文系の学生も本を読まないというのですから驚きです。

では実際、本を読まずに、何をしているのでしょうか？

ネットで文章を読むことと、本を読むことは違う

読書をしていないとはいっても、文字を読んでいないわけではありません。むしろ、大量に読んでいる。その多くはインターネットだったり、SNSだったりするわけです。

「本を読まなくても、ネットでいいじゃん」と言う人はいるかもしれません。

「すべてネットの中にあるではないか」と言われれば、まぁ、その通りです。毎日膨大な量の情報が追加されているネット上には、最近のニュースだけでなく古今東西のあらゆる物語や解釈や反応が含まれています。ネットの「青空文庫」では、著作権の切れた作品を無料で読むこともできます。

ですから、わざわざ本を読まなくてもネットでいいじゃないかという意見も見当違いなものではありません。

しかし、ネットで読むことと読書には重大な違いがあります。それは「向かい方」です。

ネットで何か読もうというときは、そこにあるコンテンツにじっくり向き合うというより、パッパッと短時間で次へいこうとします。より面白そうなもの、アイキャッチ的なものへ視線が流れますね。ネット上には大量の情報とともに気になるキャッチコピーや画像があふれています。それで、ますます一つのコンテンツに向き合う時間は短くなってしまう。

最近は音楽もネットを介して聴くことが多くなっていますが、ネットでの「向かい方」ではイントロを聴いていることができません。我慢できなくて次の曲を探しはじめてしまいます。そこで、いきなりサビから入るような曲のつくり方をしているという話を、あるアーティストの方から聞きました。

現代人の集中力が低下していることを示す研究もあります。２０１５年にマイクロソフトが発表したところによると、現代人のアテンション・スパン（一つのことに集中できる時間）はたった８秒。２０００年には12秒だったものが４秒も縮み、いまや金魚の９秒より短いと言います。

これは間違いなくインターネットの影響でしょう。とくにスマホが普及して、スマートフォンで常にいろいろな情報にアクセスしたり、ＳＮＳで常に短いやりとりをしたりするようになったことで、ある意味で「適応」した結果です。

「読者」がいなくなった時代

このようにネット上の情報を読むのと、読書とは行為として全然違います。

ネットで文章を読むとき、私たちは「読者」ではありません。「消費者」なのです。

こちらが主導権を握っていて、より面白いものを選ぶ。「これはない」「つまらない」とどんどん切り捨て、「こっちは面白かった」と消費していく感じです。

消費しているだけでは、積み重ねができにくい。せわしく情報にアクセスしているわりに、どこかフワフワとして何も身についていない。そのときは「へえ」と思ったけれど、すぐに忘れてしまいます。浅い情報は常にいくつか持っているかもしれませんが、「人生が深くなる」ことはありません。

これは情報の内容やツールの問題というより、「構え」の問題です。

著者をリスペクトして「さあこの本を読もう」というときは、じっくり腰を据えて話を聞くような構えになります。著者と二人きりで四畳半の部屋にこもり、延々と話を聞くようなものです。ちょっと退屈な場面があっても簡単に逃げるわけにはいきません。辛抱強く話を聞き続けます。

相手が天才的な作家だと、「早く続きが聞きたい」と言って寝る間も惜しんで読書をすることもあるでしょう。しかしドストエフスキーと二人きりになって3か月も話を聞かされ続けたりしたら、大概の人は逃げ出したくなります（やってみると最高なのですが)。実際、みんな逃げ出しつつあるわけです。

逃げ出さずに最後まで話を聞くとどうなるか。それは「体験」としてしっかりと刻み込まれます。読書は「体験」なのです。実際、読書で登場人物に感情移入しているときの脳は、体験しているときの脳と近い動きをしているという話もあります。

体験は人格形成に影響します。あなたもきっと「いまの自分をつくっているのは、こういう体験だ」と思うような体験があるでしょう。

辛く悲しい体験も、それがあったからこそ人の気持ちがわかるようになったり、それを乗り越えたことで強さや自信になったりします。大きな病気になったり命の尊さを感じる出来事があれば、いまこの瞬間を大事に思えるようになるなど、人格に変化をもたらします。

自分一人の体験には限界がありますが、読書で疑似体験をすることもできます。読書によって人生観、人間観を深め、想像力を豊かにし、人格を大きくしていくことができるのです。

読書よりも実際の体験が大事だと言う人もいます。実際に体験することが大事なのはその通りです。でも、私は読書と体験は矛盾しないと考えています。本を読むことで、「これこれを体験してみたい」というモチベーションになることはありますし、それ以上に、言葉にできなかった自分の体験の意味に気づくことができます。実際の体験を何十倍にも生かすことができるようになるのです。

本書では、「読書が人生の深みをつくる」との前提のもと、ネットやＳＮＳも活用しながら、どんな本をどう読むかお話ししていきます。読書好きな人も、最近あまり本を読んでいないという人も、読書の素晴らしさを再発見する一助となれば幸いです。

２０１８年12月

齋藤　孝

読書する人だけがたどり着ける場所◉もくじ

序章 なぜ、いま本を読むのか

第1章

読書をする人だけがたどり着ける「深さ」とは

第2章

深くなる読書　浅くなる読書　何をどう読むか

第3章

思考力を深める本の読み方

第4章

知識を深める本の読み方

第5章 人格を深める本の読み方

第6章 人生を深める本の読み方

第7章

難しい本の読み方

序章

なぜ、いま本を読むのか

「ネットでいいじゃん」と思っている人に

情報化社会と言われながら、有用な情報にはあまり接していない私たち

現代は情報化社会と言われていて、あたかも私たちは毎日大量の情報に触れているかのように思っています。確かにインターネット上にある情報の量はすごい。その気になれば、何でもいくらでも調べられます。

しかし、意外にみんなそれほど情報を摂取していないというのが私の印象です。いつもスマホをいじっているのに、あれも知らない、これも知らない。「最近こういうニュースが話題だけど……」と話を振っても、「そのキーワードは聞いたことがあるんですが、どんな内容なんですか？」と聞かれてしまいます。どうやら、表面だ

けサーッと撫でてキーワードだけ拾っており、詳しいところまでは読んでいないようなのです。

「まとめサイトしか見ていない」という人もいます。知りたいことが簡単にまとめてあって、それでわかった気になる。わかった気になったけれど、聞かれると答えられない。間違って読んでいたり、すぐに忘れてしまったりします。

インターネットの海と言いますが、ほとんどの人は浅瀬で貝殻をとっているようなもの。深いところへ潜りにいく人はあまりいません。潜れば、まだ見たことのない深海魚に出合えるかもしれないし、知らなかった世界が広がっているのに、です。同じ海を目の前にしても、やることは人によって違うわけです。

専門バカになってはいけない

後ほどお話ししますが、読書は人に「深さ」をつくります。

この本でお伝えしたい「深さ」とは、一つのことを突き詰めただけの深さではありません。専門分野について突き詰めていても、他がまったくダメというのではバランスを欠いています。深さは全人格的なもの、総合的なものです。

大学生が本を読まなくなった話をしましたが、実は大学の先生も教養のための幅広い読書をしなくなっている印象があります。私は大学の採用面接でこんな質問をしています。

「あなた自身の教養になった3冊を専門以外で教えていただけますか？」

専門以外というのがポイントで、幅広い教養のある人なのかを確認する質問です。学生に対して教養を身につけさせるには、先生自身に教養がなければなりません。ところが、急に言葉に詰まってしまう人が多くなっています。「数え切れなくて言えません」というのならわかります。「3冊に絞るのは難しいので、10冊言わせてください」くらい言ってほしい。でも、残念ながら「専門ならすぐ言えるのですけど……」という人が増えているのです。

専門分野は当然詳しいのでしょうが、そのバックグラウンドとして一般教養があるべきだと私は思っています。哲学なしに科学をやるとか、文学的なものを知らずに経済学をやるというのは危険なことです。だから大学1年生には教養課程があります。それがリベラルアーツというものです。

リベラルアーツの概念は古代ギリシャで生まれました。「自由になるための全人的技芸」という教育原理が起源です。人間が偏見や習慣を含めた呪縛から解放され、自分の意思で生きていくために、幅広く実践的な知識が必要とされたのです。

その後中世ヨーロッパに受け継がれ、「文法・論理・修辞・算術・幾何・天文・音楽」という「自由七科」として定義づけられました。そして、これがのちに神学・医学・法律といった専門教育ができたときに、それより前に学ぶべきものとなったのです。

現代のリベラルアーツはその流れを汲みながら、近代に発達した経済学や自然科学などが含められてさらに幅広くなっています。

近年リベラルアーツが重要視されるようになっていますが、グローバル化が進み、社会問題が複雑化する中で、問題解決には専門分野を超えた柔軟性が必要だと強く認識されているからでしょう。

専門分野の知識が豊富にあっても、その知識を生かすうえでは多角的な視点がなければ難しい。たとえば遺伝子工学を学んで、遺伝子操作の技術がわかったとしても、生命倫理とどう折り合いをつけるべきかという難しい問題に対処していくには歴史や宗教、哲学など幅広い知識が必要とされます。

ですから、ますます教養が重要とされている時代なのに、本を読んでいないというおかしなことが起こっているのです。

「AIに負けない」なんて本末転倒

いま、ＡＩ（人工知能）に関心が集まっています。

２０１７年、ＡＩが囲碁で世界トップ棋士に勝利したというニュースがありました。囲碁は将棋やチェスに比べて盤が広くて手順が長く、場面によって石の価値が変わるという特徴があります。チェスなら可能だった、「すべての手を覚え、計算して最適解を出す」というやり方が通用しづらいのです。だから囲碁では、コンピューターが人間に勝つのはまだ先だと思われていました。

ところが、２０１７年10月に発表されたグーグル傘下のディープマインドによる「アルファゼロ」は、お手本となる先人の棋譜データすら使わず、ひたすら自己学習により強くなっているとのことです。しかも、囲碁だけでなく他のゲームもできます。もはや人間の手を離れて、コンピューターが自分で学習・成長しているのです。

このようにすさまじいスピードで進化しているＡＩ。この分野の権威であるレイ・カーツワイルは２０４５年にシンギュラリティ（技術的特異点）に到達すると言っています。人工知能が人間の脳を超え、世界が大きく変化するというのです。

ＡＩに仕事を奪われないためには何を身につけておくべきか、ＡＩにできないことをできるようにしておくためにはどうすればいいのかといった議論も盛んです。

しかし私に言わせればそれはナンセンスです。「ＡＩにできないこと」を予測したって簡単に覆るでしょう。現在の進化のスピードを見ても、普通の人間の想像をはるかに超える変化が起こるはずです。そこで「ＡＩにできることは学ばなくていい、ＡＩにできないことだけ一生懸命学ぶ」という考えはリスクにはなりこそすれ、人生を豊かにはしてくれません。

ＡＩに負けないことを目的に据えて生きるなんて本末転倒です。それこそＡＩに人生を明け渡してしまったようなものです。

ＡＩが出てこようが出てこなかろうが、「自分の人生をいかに深く生きるか」が重要なのではないでしょうか。

人生を深めるために、ＡＩや未来予測についての本を読むのはとても有意義だと思います。たとえば「人間の脳を超えた知性を持つＡＩがいた場合、人間らしいやりとりをすることだって簡単だろう。それでは何が人間を人間たらしめるのだろうか？自分は人間に何を求めているだろうか？」などと本を片手に思考を深めていくことで、人生を豊かにしていくことはできるはずです。

人類の未来のために

私たち人類は「ホモ・サピエンス＝知的な人」です。

知を多くの人と共有し、後世にも伝えていくことができるのがホモ・サピエンスのすごいところです。書店や図書館に行けば、古今東西の知が所狭しと並んでいます。偉大な人が人生をかけて真理を探究し、あるいは身を削って文学の形に昇華させ、それを本の形にして誰でも読めるようにしている。だから知を進化させていくことができます。

家族や友達とおしゃべりするだけなら、サルも犬もやっています。アリだってやっているでしょう（声を出してのおしゃべりではないかもしれませんが、さまざまなコミュニケーションはとっています）。でも、動物や虫たちは地域や時代を超えたところにいたものたちが、何を考えていたかを知ることができません。

本を読まないのは、ホモ・サピエンスとしての誇りを失った状態。集中力もさらに低下して、いよいよ「本を読まない」ではなく「読めない」ようになってしまったら、人類の未来は明るくないのではないかとすら思えてきます。

繰り返しますが、ネット、ＳＮＳが悪いと言っているのではありません。この素晴らしいツールも人類の知が生み出したもの。うまく活用しない手はないでしょう。ただ、軸足を完全にそちらに移してしまって、読書の喜びを忘れてしまうのはあまりにももったいない。読書は人間に生まれたからこそ味わえる喜びです。自分で自分の人生を深めていける最高のものです。

ネット、ＳＮＳ全盛の現代だからこそ、あらためて本と向き合うことが重要だと思うのです。

第 1 章

読書をする人だけがたどり着ける「深さ」とは

「深い人」「浅い人」は何が違うか

私は大学の講義のほか、一般向けの講演も行なっており、幅広く質問を受ける機会があります。メディアからの取材もあります。そこで、本質的なものに触れる深い質問ができる人、表面的な部分にとらわれた浅い質問しかできない人がいます。

浅い質問には、「それはこうです」と答えて、はいおしまい。簡単です。そこからさらに話が広がったり内容が深まったりすることはあまりありません。

深い質問の場合は、こちらの頭も回転させなければなりません。質問が刺激となって思考が深まります。その答えによって質問者の考えも深まるし、実りの多い時間となります。

映画を見た感想やニュースに対するコメントにしても、聞く人が刺激される面白い話ができる人と、みんなが言っているような一般的なことしか言えない人がいます。

浅い人と深い人。どちらの人の話を聞きたいか、聞くまでもありませんね。

では、その浅い・深いはどこから来ているのでしょうか。

それは一言で言えば、教養です。

教養とは、雑学や豆知識のようなものではありません。自分の中に取り込んで統合し、血肉となるような幅広い知識です。

カギとなるのは、物事の「本質」を捉えて理解することです。

バラバラとした知識がたくさんあっても、それを総合的に使いこなすことができないのでは意味がない。単なる「物知り」は「深い人」ではないのです。教養が人格や人生にまで生きている人が「深い人」です。

深い人になるには、読書ほど適したものはありません。

本を読むことで知識を深め、思考を深め、人格を深めることができます。

たとえば西郷隆盛は「深い人」です。西郷が生きた幕末・明治時代から人格者として慕われ、ものすごく人望がありました。亡くなってからも多くの人が西郷に惹かれて研究し、時代ごとに評価されてきました。現代も人気は衰えていません。

それでは、生まれたときから人格者で、「深い人」だったのかというと、そういうわけではないでしょう。西郷は多くの本を読んでいました。とくに影響を受けたのは儒学者佐藤一斎の『言志四録』です。流された島でも、これを熟読し、とくに心に残った101の言葉を抜き出し、常に読み返していたと言います。座右の銘としていた「敬天愛人」もそこから生まれたものです。常に本を読み、自らを培っていったのです。

コミュニケーション能力は文字で磨かれる

コミュニケーションにも浅い・深いがあります。

表面的なやりとりに終始し、信頼感も生まれにくいのが浅いコミュニケーション。コンビニで飲み物を買ったときに、店員さんと目も合わさずに「お願いします」「ありがとうございました」と言葉を交わしているのだってコミュニケーションには違いありませんが、ものすごく浅いレベルのものです。そのコミュニケーションが記憶に残ることはないでしょう。

しかし、同じようなシーンでも深いコミュニケーションは可能です。私は、コンビニで外国人の店員さんと話をする間柄になって、彼が彼女と別れたということまで聞いていました。相手の状況を認識して、心のこもった言葉をかければ途端に深くなります。「深い部分に触れた」感覚はいいものです。短い会話でも、それが1日を気分よく過ごすきっかけになるかもしれません。

家族、恋人、友人であっても、常に深いコミュニケーションができているとは限りません。深い部分にある心理、感情の動きに触れることなく、表面ばかりを見ていれば浅いコミュニケーションになってしまいます。愛情を感じるのは、深いコミュニケーションができているときです。

仕事をするうえでもコミュニケーションは重要です。深いレベルでコミュニケーションができていると、言葉数は少なく短時間でも、クリエイティブに物事が運ぶことはよくあります。一方、コミュニケーションがうまくとれていなければ、ごく簡単なことでもミスが起こったり手間が増えたりして滞る。ほとんどの方は経験があることでしょう。

コミュニケーション能力の根底には「認識力」があります。

相手の状況や感情、言動を認識する。言動それぞれに、その場の文脈というものがあります。

「期待しているよ」という言葉が、「あなたを信頼しているから、ぜひ頑張ってね」という意味のこともあれば「いい加減成果を出してくれないと困る、最後のチャンスだぞ」という意味のこともあるかもしれません。

人の「複雑な感情」を瞬時に理解するのも認識力です。嬉しい、悲しい、悔しいと単純に言えない、表現しにくい感情。そうしたものを消化したり感じ取ったりすることができれば、より深いコミュニケーションにつながるでしょう。

文学にはそういった複雑な感情が描かれています。文学を読むことで、複雑な感情を感じ取ったり言語化したりする能力を身につけることができます。

さらに、言葉で応答したり働きかける際にも、認識力は重要です。

言いたいことがうまく表現できないとき、それは自分の中にあるモヤモヤした思考を言語化できていないのかもしれません。

「魅力的な人」とはどんな人か？

『なぜ美人ばかりが得をするのか』（ナンシー・エトコフ／著　木村博江／訳　草思社）は認知科学と進化心理学の知見をもとに「美」の謎を解き明かすという本ですが、この本によれば、進化の過程の中で、「生殖能力が高く、健康で、種の存続に最も適した姿形を美しいと感じる」ようになっているそうです。要するに、「美しい人＝種の存続に有利な人」と判断されているのです。

ですから、生物として美にこだわるのはもっともなことで、逃れられないものかもしれません。

しかし、それを何とか克服してきたのが人間の文化です。美しさだけなら、虎にも美しい虎がいるし、鹿にも美しい鹿がいる。でも、文化は生まれません。人間は美しく生まれつかなくても、魅力を出せる道があるのです。

ソクラテスは美男子ではありませんでしたが、若者たちにとても人気がありました。その知性・教養、人格の豊かさで人を惹きつけていました。

平安時代の恋愛は、実際に顔を見る前に手紙のやりとりをして「素敵な人だ」と思っていました。見た目がよくなくても頑張って教養を身につけて魅力を出していた。「やはりあの人は育ちが違うわね、教養があるわね」なんて言われたわけです。

実際、周囲で魅力的な人を思い浮かべてみると、見た目だけではないはずです。話が面白く、深いコミュニケーションができる人、人間性が高い人、深みのある人が魅力的だと思うのです。

深みは読書でつくられる

では、どうしたら深くなれるのか。

先ほど、多くの人はインターネットの浅瀬にいると話しましたが、インターネットでは、深く潜るのだって実は難しくありません。クリックして3回とべばいい。最初にたどり着いたページだけ読んで終わらせるのではなく、関連するページや、他の角度から見たページを探して読めばいいのです。それだけで、情報にも厚みや深みが出ます。

ただ、どこをどう潜るのか、というところは人によって差ができるでしょう。まずは3回クリックするだけで深くはなりますが、もっともっと知識を深めるには潜る能力が必要なのです。

その「潜る能力」は、読書によって鍛えられるというのが私の考えです。

SNSはコミュニケーションのツールとしてとても優れていますが、情報摂取の観点から言うとあまり役立ちません。友達とのコミュニケーションからは、基本的に「新情報」は出てこないもの。お互いに知っている物事、身近な物事について情報交換をしていることが多く、新情報へのきっかけはあるとしても、深く知ることは難しいでしょう。

もちろん友達は大事ですから、友達とのコミュニケーションの時間をとるのはいいことです。心置きなく話ができるのはとてもありがたいですし、軽いおしゃべりも気晴らしに必要です。ただ、友達依存症のようになって1日中SNSを見ているのでは、深い次元が入り込む余地がありません。

せめて寝る前1時間は読書にあててはいかがでしょうか。すると、毎日少しでも深い時間を過ごすことができます。日中は浅いコミュニケーションに終始している人も、突如深くなれます。いったいどうしたんだと言いたくなるくらい、考えも顔つきも深遠な感じになるでしょう。この「突如深くなる」感覚がいいのです。

海が突如深くなれば、そこでしか獲れない桜えびのようなものが獲れることがあります。静岡出身の私は桜えびが大好きですが、生で食べられる桜えびは世界中でも数か所でしか獲ることができません。それは急にとてつもなく深くなる駿河湾の特殊な地形と関係があるのですね。

常に深くなくても構いません。ふだんは浅くても、突如深くなる時間を持とうということです。偉大なものに触れて感動したり心を大きく揺さぶられたりすることで、人生をじっくりと味わえるのです。

歌手のＪＵＪＵさんはコンサートなどで各地へ行くとき、必ず本屋に立ち寄るそうです。「本っていうのはドラえもんのどこでもドアみたいなもの。その本がそれぞれの世界に連れていってくれる」ということをテレビで話されていて、その通りだなぁと思いました。電車で文庫本を開くと、周りでは日常のいろいろな会話があっても、自分だけ19世紀ロシアにいるとか２０００年前のローマにいるような感じになれます。

ＪＵＪＵさんは移動時間や寝る前の時間、いつも本を手放さないという読書家です。だからこそ歌にも深い表現力が加わるのではないでしょうか。

テレビは役に立たないか？

テレビは一般的に、浅いメディアだと言われます。

流れてくるものをそのまま何となく見ているだけなら、確かに深まりにくいでしょう。ぼんやりしていても話を見失わないようにつくられていますし、そもそも小難しいものはあまり放映されていません。気楽に見ることができるエンターテイメントが多いのです。

しかしドキュメンタリーや一流の人へのインタビュー、「１００分de名著」（ＮＨＫＥテレ）といった教養系の番組など、深めることができるものはたくさんあります。

それに、エンターテイメント系の番組であっても、見方によっては深めることができます。見どころはあるのです。

私はテレビの仕事をしていることもあって、テレビをよく見ます。一日に3〜4時間は見ています。よく見る番組の一つに「家、ついて行ってイイですか?」(テレビ東京)があります。深夜、終電を逃した人に「タクシー代を払う代わりに、家についていっていいですか?」と声をかけ、家に行って話を聞くという番組です。

たとえば居酒屋で酔っ払っている20代の女性が、話を聞くうちにそれまでと違った表情を見せます。「お仕事は何をしているんですか?」「特別支援学校の先生です」。やさしくて大好きだった兄は知的障がいがありました。自分の誕生日を祝いに来てくれた数日後、その兄が突然病気で亡くなってしまった。それをきっかけに通信で学び直して、特別支援学校の先生になったのだ――。

赤い顔をして陽気にお酒を飲んでいる姿からは想像できなかった人生がそこにはありました。自分の知らないどこかの街の人も、みんなそれぞれに人生を一生懸命生きているのだなぁ。そんな感慨を覚えるのです。

番組は登場する人の人生の、ごくごく一部を切り取ったに過ぎないけれども、そこから想像を広げていくことはできます。ふだんあまり関わりのない年代、職業、地域の人の人生はうまく想像することができなかったり、偏見の目で見てしまったりしがちです。それを壊し、想像を広げて豊かな人間観、人生観を育んでいくことができるのが、こういう番組の良いところです。

「深みを感じ取る力」のある人には、こういった人生が垣間見えるような番組は学びが多い。お涙頂戴番組のように、「どうぞ感動してください」とわかりやすく提供されたものに反応するだけなら、深みは出ません。浅いレベルの内容であっても、泣くことは十分できます。深さとは、単純に感情が動くかどうかではないのです。

そしてそうした「深みを感じ取る力」も、読書から得られるものだと思うのです。

知性は万人に開かれている

一般的に「知的」とは、知識が豊富で、言語的な認識力が高い人のことを言います。同じ事柄を読んだり聞いたりしたときにも人によってどう捉えるかは違います。認識力の高い人は、より多く、より深く情報を捉え、理解することができます。

一方で、「センスのある人」もいます。知識とは無関係に、感覚的にできてしまう人のことですね。デザインのセンスがある人、音楽のセンスがある人、料理のセンスがある人。とくにきちんと教わったわけではないのに、秀でている場合にそういう言い方をします。それはそれで素晴らしいことです。

ここでのポイントは、知性は万人に開かれているということです。センスのほうは、残念ながら努力ではなかなか変えられない部分が大きいのです。たとえば音痴で音楽のセンスがない。そうすると、歌ったり演奏したりすることで音楽から大きな喜びを得るのが難しいかもしれません。

しかし、言語は多くの人に開かれているもので、センスをあまり要求されません。誰でも知識を増やし、深める中で知的になることができます。それに、知的好奇心や知的な欲求は誰もが持っているものです。

私は長年にわたり小学生を集めて教えていたのでわかるのですが、小学生で本が嫌いな子はまずいません。みんな「もっと読みたい、もっと読みたい」と言います。誰もが自然な知的欲求を持っていることを感じます。

たとえば小学生に人気のある本に『ぼくらの七日間戦争』（宗田理／著　角川文庫）があります。これは内容も濃くて、展開にも深みのある面白い本です。戦争や学生運動のことも描かれています。大筋は、管理教育に抑圧された子どもたちが、マスコミも使って大人に対し主義主張をしていく物語です。簡単にぱっと読める感じではなく、けっこう難しいところもあるのですが、小学生は普通に読んでいます。「ぼくらの」シリーズはなんと累計１７００万部を超えているのですからすごい。それだけの子どもたちが、読んでいるわけです。

小学生には読む力があるし、読みたい気持ちがあるのです。年間１００冊くらい読む子はザラにいます。このままいけば言語的な認識能力はどんどん高くなっていく……はずが、多くの人は本を読まなくなっていき、大学生ともなれば月に１冊も読まないという状態。成長とともに読書の楽しみを忘れてしまっているようです。

読書の楽しみは、その本のワールドをじっくり味わうことです。いわば「味読《みどく》」です。深い世界に触れて、それを楽しむ心が必要なのです。そういう心がないと、それだけの時間とエネルギーを割けないでしょう。

誰もが本来持っている知的な欲求に基づき、深い世界に触れて楽しむという心を持つことが最初です。

教養のある人生と、教養のない人生。どちらがいいですか？

私の授業をとる大学1年生には、最初にこういう話をします。

「ここで道が二つに分かれています。教養のある人生と、教養のない人生。どちらがいいですか」

『論語』やデカルトの『方法序説』、ニーチェ、福沢諭吉、さまざまなものを読みクリエイティブな課題に応えていく中で、「知的で教養のある人生は素晴らしい」という生き方を選ぶのか。「デカルトなんて知らないし」などと言いながら生きていく、非知的な人生を選ぶのか。

そう問いかけるともちろんみんな「教養のある人生がいい」と言います。実際、本をたくさん読みはじめると「本を読むようになってよかった」「本を読まないままでいたらと思うと恐ろしい」と言いはじめます。ポテンシャルは高いのです。ただ読書の習慣がなかっただけです。

本を多く読んでいると、教養のある人の話をより面白く感じることができます。

たとえば黒澤明監督の「蜘蛛巣城」という映画は戦国時代の武将の話ですが、シェイクスピアの『マクベス』を下敷きとしています。『マクベス』を知らなくても楽しめますが、知っていれば「あのマクベスを戦国武将でやるとこうなるのか。なるほど、さすが黒澤明だ」と唸ってしまう。深く楽しめます。

古今東西の名著を引用するというのは、映画や本だけで行なわれているのではありません。ジョーク、雑談だってそうです。教養があれば、何かを踏まえて笑い合うことができます。「これはマキャヴェリズムだよね」「あれはマクベス夫人のようだね」と言って笑い合えるわけです。逆に、「これはマキャヴェリズムだよね」と言ったときに「は？」と返されてしまうと、もうそれ以上深く話すことはできなくなってしまいます。

本を読むほどに、世界が楽しみであふれます。普通なら気に留めないものでも、「面白い！」と感じるのです。たとえば、「漢字ってなんてすごいんだろう！」と気づきます。何気なく日常で使っている漢字ですが、一つひとつの成り立ちにはとても奥深い世界があります。漢字の語源、由来についての研究で知られる白川静さんの本を読むと、本当に面白く感動します。

さらには、漢字と身体を結びつけて考えたのが野口三千三さんです。漢字の成り立ちを身体で探っていくという不思議なことをされています。「足」という漢字をつくった人たちの感覚を、足の感覚でたどろうとするのです。深い身体感覚と漢字の文化を結びつけて捉えるとは、なんと面白いことをしているのでしょう。知的なことを面白がれる人は、こういうことが楽しいのです。

知的で教養のある人生を選ばない人にとっては、何をしているのかわけがわからないと思います。その分、人生の楽しみが減ってしまうのですが、それに気づいていません。単純な、いかにも「面白がってください」というエンターテイメントに慣れて、複雑な楽しみがわからなくなってしまいます。

端的に言えば、「教養のある人のほうが、人生が面白くなる」ということです。

この世はもっともっと複雑な楽しみにあふれています。その複雑な楽しみに気づき、面白がることができるようになるのです。

第2章

深くなる読書　浅くなる読書
何をどう読むか

一流の人の「認識力」を身につける

「深さ」を手に入れるには、深くその物事を捉える力、「認識力」が必要です。読書をすることで、著者の認識力も身につきます。

認識力に差があれば、同じ情報でも受け取るものが大きく変わります。

同じ仕事をしている人が二人いるとしましょう。ベテランのAさんは、仕事の依頼内容を意図まで含めて正確に捉え、期待を上回る結果を出すことができます。一方、初心者のBさんは、仕事の依頼内容を丁寧に見て把握しているつもりなのに、Aさんと同じ結果を出すことができません。経験の差というのは、単純に技術の差もありますが、認識力に差があることが多いものです。

Aさんが日ごろどのように考えて仕事に向かっているのか、情報をどう捉えているのかを聞くと、Bさんははっとします。ベテランの認識を言語化してもらえれば、同じように認識しようとする努力が可能になります。

一流の認識力の持ち主の本を読むと、私たちの認識力も磨かれていくのです。

剣豪・宮本武蔵の代表的な著作『五輪書』は、世界でも広く知られており評価が高い兵法書です。武蔵は「60回以上勝負をして負けなし」という剣術の達人ですが、強さの秘密は類いまれなる剛力や豪快さではありません。

熟練工のように剣術を吟味し、工夫を重ね、最高の技を生み出していることです。

そして、剣術という具体的な技を追求することを通して、悟りの境地への筋道をつけているのがすごいところ。武蔵が外国人に人気があるのもこうしたことが理由でしょう。剣術で悟りの境地に至る、かっこいい日本人なのです。

『五輪書』は「地」「水」「火」「風」「空」の五巻からなります。

「空の巻」に書かれているのが、武蔵が目指した境地です。


武士のおこなふ道、少しもくらからず、心のまよふ所なく、朝々時々《ちょうちょうじじ》におこたらず、心意《しんい》二つの心をみがき、観見《かんけん》二つの眼をとぎ、少しもくもりなく、まよひの雲の晴れたる所こそ、実の空としるべき也。

（『五輪書』宮本武蔵／著　岩波文庫）

（武士の行なう道についてすべて心得ていて、心に迷いがなく、常に怠ることなく、「心」と「意」（意識）という二つの心を磨き、「観」（全体像を捉える大きな眼）と「見」という二つの眼を研ぎ澄ませて、少しも曇っていない、「迷いの雲」が晴れ渡った状態が本当の空である）

日々の鍛錬によって、一切の迷いがなくなり、晴れ渡った青空のような境地に至ることを目指しているわけです。

剣術について記した「水の巻」には、心の持ち方、姿勢、目つき、剣の持ち方、振り方、足づかい、場に合わせた攻め方など非常に細かく具体的に書かれています。

姿勢一つにしても、「額にしわを寄せずに眉間にしわを寄せて、目玉が動かないようにして、瞬きをせず、目を細めて、鼻筋をまっすぐ、下あごを少し出す……」という具合。こんなにも細部にわたって意識をめぐらせ、それを言語化しているのか、と驚かされます。命をかけて剣術を磨き、まさに達人の域に達した人の認識です。

武蔵のような一流の認識力を持った人の書いたものを読むと、私たちの認識力も深まっていくというものです。

深い認識はあらゆる分野でつながる

能を大成した世阿弥の『風姿花伝』は、本来は秘密の書でした。観阿弥に教わったことを世阿弥が書き記したものですが、それは能という、その場限りの芸の極意を一族に伝えるため。能の世界にも厳しい競争があり、自分たちの人気がなくなれば消えていくしかありません。

時の将軍、足利義満に気に入られて庇護《ひご》を受けていたけれども、それがいつ他のものにとって代わられるかわからない。世阿弥は、将軍や貴族はもちろん、観客である民衆の評判も意識していました。それこそ文化と一族の運命を背負った人間が、命をかけて書いているような秘伝書なのです。

「秘すれば花なり」は世阿弥の有名な言葉ですが、その意味するところは「すべて手の内を明かすのでなく、秘密にしておくこと。秘密にしておいて、ここぞのときに出せば観客を驚かせ、魅了することができる」。

観客はすぐに飽きてしまうものだから、常に新鮮な驚きを提供し、面白いと思ってもらえるよう工夫が必要です。これも、世阿弥が一族のため文化のために本気で書いていることを思うと、とても深い言葉だと感じられます。

テレビ通販でおなじみ、ジャパネットたかたの創業者髙田明さん（２０１５年まで社長）は世阿弥が大好きだそうです。髙田さんが世阿弥に興味を持ったきっかけは、社員に「社長がいつも話していることと同じことがこの本に書いてあります」と世阿弥についての本を渡されたこと。それまで能に触れたり『風姿花伝』を読んだりしたことがあるわけではないのに、同じことを言っているというのは興味深いですね。能と通販では全然違うようですが、「認識の深さ」においては通じるところがあるのでしょう。

髙田さんが世阿弥の教えで最も感じ入ったのは「自己更新の考え方」だと言います。常に自分を成長させていく心構えです。

象徴的な言葉の一つは、「初心忘るべからず」です。誰もが知っている言葉ですが、世阿弥の意図している内容は現代のそれとは少し違います。「初心忘るべからず」の「初心」とは、芸の未熟さのことです。自分が未熟であることを忘れず、常に自分を戒めなければ成長しないという意味が込められています。

『花鏡』の中では、さらに3つの初心について書かれています。

「是非の初心忘るべからず。時々の初心忘るべからず。老後の初心忘るべからず」

入門したばかりの頃に感じる「是非＝良い・悪い」の初心、経験を重ねる中でその時に合った演じ方を行なううえでの初心、そして老年を迎えてはじめて挑戦できる芸への初心。物事をはじめてから、経験を積む中でも常にその時々の挑戦があり、未熟さがあるということなのです。

一流の認識力を持った人は、自分のやっていることにはまだまだ終わりがないと考えます。普通の人が「ここまで到達したらいいだろう」「もう先は見えた」と思うところでも、認識力のある人ほど、まだ挑戦すべきことがあると感じる。それだけ奥深さを認識しているのであり、だからこそ人生を楽しみ続けることもできます。

情報としての読書　人格としての読書

読書には大きく分けて二つあります。情報としての読書と、人格としての読書です。

ノーベル物理学賞受賞で話題になった「重力波」について知りたいと思って、情報がコンパクトにまとまっている新書を読もうとするのは、情報としての読書。

中勘助の自伝的小説『銀の匙』を読み、自分の子ども時代と重ね合わせながら世界観を味わうのは人格としての読書。

情報としての読書の場合、著者が誰であるかはさほど重視しないこともあるでしょう。その人の世界観というより、事実を知りたいと思っているからです。

ただ、情報と人格は、最終的にはあまり切り分けられません。

たとえばケプラーは、惑星が楕円の軌道で動いていることを発見しました。これは科学の歴史において、革命的とも言える重要な転換点です。それまでは2000年にもわたって、「惑星の運動は完全な円を描いている」と信じられていました。円運動は神聖で完全なものであり、天上界の運動は完全な円であるはずだというアリストテレスの「自然観」が根強く残っていたのです。

しかし、その考え方ではどうしても計算が合わない。そこで、完全な円ではなくちょっとつぶれた形なのかも、と気づいたのです。そして「惑星は太陽を一つの焦点として楕円軌道を描く」というケプラーの法則にたどり着きました。

そこに至るには観測データと理論を突き合わせていくという科学的なことをしているわけですが、同時に、ケプラー自身は神秘主義的で古い感覚を持ち合わせていました。占星術で生計を立てており、太陽を神聖視し、「宇宙の調和」という価値観を強く持っていたのです。

「惑星の公転周期の2乗は、軌道長半径の3乗に比例する」というケプラーの第3法則も、実は神秘思想から出てきたものでした。惑星の軌道と運動との間には、神秘的な調和が必ずあると信じ、それを発見しようとしたわけです。そんな背景を知ると、ケプラーの法則という科学的な情報にも深みが感じられるのではないでしょうか。

歴史にしてもそうです。私はフランスの歴史家ミシュレが大好きですが、たとえば『魔女』(岩波文庫)は、中世ヨーロッパで行なわれていた魔女裁判を、裁判記録に基づいて著した大変興味深い歴史書です。それまで一般に歴史は男性が創り出すものとされ、男性の視点で書かれてきたところ、ミシュレは女性の側から歴史を描こうとしました。

魔女とは何なのか?　それは中世の封建社会で疎外された人間でした。

特定の時代には、あれは魔女だということの言葉が発せられただけで、憎悪のため、その憎悪の対象になった者は誰彼なしに殺されてしまったことに注意していただきたい。女たちの嫉妬、男たちの貪欲、これらがじつにうってつけの武器を手に入れるわけだ。どこそこの女が金持ちだって?……魔女だ。——どこそこの女がきれいだって?……魔女だ。

(『魔女』ミシュレ/著　篠田浩一郎/訳　岩波文庫)

ただ、魔女は常に犠牲者であったわけではありません。ローマ教会、王による支配、あらゆる権力に対する反抗者となった人もいました。魔女は中世ヨーロッパ史の裏の立役者でもあったのです。オルレアン包囲戦にて前線に立ち、長い間続いた戦争で苦しむフランスの民衆たちを救ったジャンヌ・ダルクも魔女。最後は火あぶりの刑に処せられています。『魔女』は中世ヨーロッパの歴史書であると同時に、ミシュレの透徹した目で描かれた文学でもあります。

史実自体は人格と一見関係ないように見えます。でも、それを捉える目というものは著者の人格です。人格があって、科学的発見がある。人格があって、歴史の捉え方がある。そう考えると、情報にも深みが感じられるはずです。

どんな情報も、誰かがそれを成したわけであり、そこに人格があります。

ですから、情報としての読書であっても、情報と人間の営みとを一緒に理解しようとすれば、おのずと深まっていくのです。

物語で身につく「映像化」する力

読書をしているときの脳の働きは、とても精妙で複雑です。文字をたどって意味内容を理解し、感情を理解して味わい、描かれた風景や人物の姿、声などさまざまなものを想像しています。

目の前の現実ではなく、想像によってわくわくしたり感動したりできるのは人間だからこそ。言語自体が人間的であるうえに、想像で感情を動かす読書は極めて人間的な行為だと言えます。

文字を目で追うだけでなく、耳で聴くのも同じように脳を鍛えてくれます。

昔はよくラジオで朗読番組が放送されていました。１９３９年にはじまった、徳川夢声さんによる『宮本武蔵』（吉川英治／著）は、当時大変な人気を博し、その後何度も再放送された伝説のラジオドラマです。

たとえば武蔵が佐々木小次郎と決闘する「巌流島の戦い」の名シーン。

「いざ来いっ、武蔵！」

いい放った言葉の下に、巌流は、鐺《こじり》を背へ高く上げて、小脇に持っていた太刀物干竿《ものほしざお》を、ぱっと抜き放つと一緒に、左の手に残った刀の鞘《さや》を、浪間へ、投げ捨てた。

「小次郎っ。負けたり！」

「なにっ」

「きょうの試合は、すでに勝負があった。汝の負けとみえたぞ」

「だまれっ。なにをもって」

「勝つ身であれば、なんで鞘《さや》を投げ捨てむ。——鞘は、汝の天命を投げ捨てた」

「うぬ。たわ言を」

「惜しや、小次郎、散るか。はや散るをいそぐかっ」

「こ、来いッ」

「——おおっ」

武蔵の足から、水音が起った。

巌流もひと足、浅瀬へざぶと踏みこんで、物干竿をふりかぶり、武蔵の真っ向へ――と構えた。

が、武蔵は。

一条の白い泡つぶを水面へ斜めに描いて、ザ、ザ、ザと潮を蹴上げながら、巌流の立っている左手の岸へ駈け上がっていた。

（『宮本武蔵』（吉川英治／著　講談社）より徳川夢声朗読に合わせて一部改変）

ラジオですから、言語を聞いているだけの状態です。でも、映像がありありと思い浮かぶ。鋭い眼光や緊迫した表情、息遣いまで伝わってくるようで、手に汗握って聞き入るのです。このときの脳は実はとても高度な働きをしています。

「波間」と聞けば、自分の記憶の中から合致する波間の映像を引っ張り出してきてイメージし、「左手の岸へ駆け上がる」と聞けば、武蔵と小次郎の位置関係をイメージして映像を構成する。足りない部分は想像力で補っています。

さらには、登場人物に感情移入してドキドキしたり興奮したりするのです。

同じように読み聞かせは自由にイメージを湧かすことができます。子どものいる方はぜひ本を読み聞かせてあげてください。少しくらい難しい表現や、古い言い回しなどがあっても構いません。ポイントは情感を込めて読んであげることです。子どもはまだ言葉を聞いてイメージすることに慣れていませんが、抑揚や感情ののり方を頼りに、頭の中で映像化できるようになるのです。

そういう意味で、アニメは素晴らしい文化ではありますが、イメージ力を鍛えるのにはあまり向いていません。アニメを見ながら別の映像を思い浮かべるのは難しいですし、そういうことは普通なかなかしないでしょう。

宮崎駿さんはインタビューの中で、「子どもが気に入って『となりのトトロ』を何十回も見ています」というお母さんに向けて「そんなことをしてはダメです」ということをおっしゃっていました。名作だからといって、子どもに繰り返し見せるものではないというのです。

ただ、基本的には、ビデオのスイッチをつけるということと絵本を開いて見るということは本質的に全く違う行為だと思います。映像は、見ている見ていないに係わらず一定のスピードで送りだされる一方的な刺激ですが、絵本は、違います。今のように子どもたちが、映像に頼れば頼るだけ、これからは現実の生活の中で、絵本を楽しむような時間が必要になってくるんじゃないですか。

（『折り返し点』 宮崎駿／著 岩波書店）

これは子どもについての話ですが、大人にも通じる話です。いま、頻繁にネットを見ているという人の中には、文字コンテンツを読むよりも映像を見ているほうが長い人もいるでしょう。映像は、文字で説明されるより「一目瞭然」でわかる便利さがありますし、視覚・聴覚に訴える情報量が多い分、短時間でワールドに入っていけます。ただ、それは同時に自分の頭をあまり使わなくてもいい、ということでもあります。想像力、イメージ力を駆使する必要が減るのです。ですから大人も、映像に頼れば頼るほどに、本を読む時間が必要になると言えるのではないでしょうか。

宮崎さんご自身はたくさんの本を読み、とても深い認識力を持っていらっしゃいます。だからあんなに面白い作品をつくることができるのです。

ですから、アニメは好きで見るけれど本は読まないというのでは、宮崎アニメの本当の深さに気づけないかもしれません。

「著者の目」で物事を見てみる

円錐を上から見たら丸に見え、横から見れば三角に見えるように、視点が変われば見え方は変わります。コミュニケーションにおいても、「相手の立場に立つ」「相手の視点で見る」とはよく言われることです。しかし、概念としてわかっているつもりでも、なかなか自分の視点から抜け出せないもの。つい、「自分がこうなのだから、相手もこうだろう」と考えてしまいます。

読書は自分と異なる視点を手に入れるのに役立ちます。意識したいのは「著者の目」になることです。自分と違う見方だなぁと思っても、いったんは著者の目になったつもりで本を読む。著者の目で周りを見てみる。

そうすることを繰り返すと、視点が重層的で多角的になります。一点に凝り固まるのでなく、厚みや深み、広がりのある視点を持つことができるのです。

たとえば日本に生まれ、日本で暮らしている人は外国人の価値観を理解するのが難しいことが往々にしてあります。歴史や文化的背景が全然違えば、価値観が異なるのは当然です。海外の文学、思想書や歴史書を読むと、人類に共通の普遍性を感じるとともに、異なる視点もまた感じるのです。

アメリカの文化人類学者ルース・ベネディクトの『菊と刀』（講談社学術文庫ほか）や、ドイツ人哲学者オイゲン・ヘリゲルの『弓と禅』（角川ソフィア文庫ほか）のように、外国人の著者による日本文化論も視点を深めるのに役立ちます。外から見て言語化してくれているからこそ、「異なる視点」が明確になります。

また、井筒俊彦さんの『イスラーム文化——その根柢にあるもの』（岩波文庫）のように、日本人の研究者が外国の文化を解説したものは、わかりやすく、視点を深めてくれます。

世界史について言うと、日本は世界史への興味が最もある国だと思います。世界史を学ぼうと思ったら、古代文明からイスラム世界、ヨーロッパにアメリカと膨大な知識を必要とするのですが、日本の高校では必須科目。どれだけ深くやっているかは置いておいて、とりあえず一通りは学ぼうとしているわけです。

この極東の国が、世界を学ぶことに熱心であれば、世界の中でバランサーとして働くことができるのではないでしょうか。私たちは西洋的な生活をしていますが、東洋的な考え方をベースに持っています。西洋第一主義、欧米中心主義では考えません。イスラムやインドについても偏っていない見方ができると思うのです。

「著者月間」をつくろう

では、読書でこのような深みを持つには、どのような読み方をすればよいか。

「広く浅く」という言い方をしますが、一番いいのは「広く深く」です。「広く」と「深く」は両立します。というか、ある程度広さがないと深みに到達するのは難しくなるのです。深さの要素には「つながり」があるからです。

あることについて深く知っているとして、その知識はそれだけでは「点」です。でも、一見関係ないような別の事柄について深く知ったとき、それぞれの点がつながることがあります。点がつながって面ができていきます。

そうなると、まったく新しい事柄についても、簡単に深く知ることができますし、すでに知っていた事柄もさらに深掘りできるようになるのです。

一つのことを深く知ろうとする中でも、興味が自然と枝分かれしていくので、勝手に広くなってしまうという面もあるでしょう。教養のある人は、「広く深く」をやっています。

特定の著者のことが好きで、その人の本は深く読んでいるけれど、ほかの著者のことは全然知らない、というのではやはりどうしても浅くなってしまいます。間口が狭い分深まりません。

好きな著者のワールドにどっぷりつかり、作品を続けて読んでいくのはとても楽しいものですが、それだけで終わらせてしまうのはちょっともったいないと言えます。

ですから、今月一人の著者にはまったら、翌月は別の著者にはまる。さらに次の月はまた別の著者というように、時期をずらして広げていくといいでしょう。「どっぷり」を移動させていくのです。

ちなみに、特定の人にハマったときに、別の人をけなす必要はありません。「誰それのようなエリートより、ドロップアウト気味の太宰治のほうが好きだ」などと別の人を批判することによって好きな著者を持ち上げることには、たいして意味はないのです。それより、今月は太宰治月間、翌月はまた別の著者月間というふうに、それぞれどっぷりハマるほうが得るものが多いでしょう。

一冊の本から、連綿と続く「精神文化」につながる

私は、人間にとって最も重要なのは精神文化だと思っています。精神文化というと、道具や建造物などの「物質文化」と対比されますが、一人ひとりの心と対比することもできます。

心は誰にでもあります。私たちは誰でも、楽しい、嬉しい、悲しい、悔しいなど、さまざまな心の動きを日々感じています。それは基本的にはその人に固有のものです。誰かが悲しいとき、自分がその人とまったく関わりがなければ悲しくはないでしょう。共感する立場になければ、その人の心はわかりません。

一方、社会に共有されている精神というものがあります。それが精神文化です。たとえば、インドの大多数の人たちにとってヒンズー教の精神文化は共有されていますし、日本の「武士道」はかつて武士たちの間に共有されていた精神文化です。個人のものとは違います。一人ひとり固有の心が大切なのは言うまでもありませんが、個人の心だけにとらわれていては見失うものもあります。

私たちは誰しも一人で生きているのではありません。連綿と続く文化の中で生きています。ふだんなかなか意識しないかもしれませんが、根底にある精神文化を掘り起こし、感じることで強くなれます。文化を共有している人たちとのつながりが感じられるのです。

精神文化は、読書によって掘り起こすことができます。哲学や思想書はもちろん、文学も適しています。

文豪たちは大量の本を読んでいます。川端康成、太宰治、谷崎潤一郎の読書量はハンパではありません。大量の読書によって精神文化を背負い、それを文学の形にあらわしているのです。だから、谷崎潤一郎の本を1冊読むだけでも、その背景にある大量の本がガーッとなだれ込んでくるような感じです。著者固有の視点というのはもちろんあるけれども、背景に精神文化が濃く流れているのです。

クラッとするのも含めて読書

ドストエフスキーを敬愛する作家は多くいます。村上春樹さんは「自分が作家であることがむなしくなってしまう」と言うほどのドストエフスキーファン。ドストエフスキーのように、いろいろな世界観、視点をひとつの作品に詰め込んで組み合わせる「総合小説」を書きたいそうです。とくに『カラマーゾフの兄弟』は繰り返し読んでおり、最も影響を受けた本の一つに数えています。

文学の最高峰との呼び声が高い『カラマーゾフの兄弟』ですが、文字量もすごいうえに大変読みにくい。

父親であるフョードルとドミートリイ、イヴァン、アレクセイの3兄弟、使用人のスメルジャコフがカラマーゾフ家メンバーですが、ドミートリイの愛称はミーチャあるいはミーチカだし、イヴァンはワーニャ、ワーネチカ、アレクセイはアリョーシャ、リューシェチカと呼び方が多くて混乱します。

他にも婚約者や友達や長老など非常に多くの人物が登場し、それぞれの人物像や関係性など全体像を理解しなければなりません。そのうえで物語の筋を追う必要があるのです。物語の主題として考えられるものも複数あり、「宗教小説」「思想小説」として読むこともできれば「推理小説」「裁判小説」「恋愛小説」などの要素もあります。クラッとしますね。この「クラッ」も含めて読書です。

繰り返しますが、深みとは総合的なものです。

『カラマーゾフの兄弟』のとてつもない深みは、一つのテーマや関係性に絞って単純化したものでは表現できないでしょう。

『カラマーゾフの兄弟』に限らず、深い作品はスイスイ読めるものではないと思います。1行ごとに考えてしまい、なかなか進めないこともあります。「あとどのくらいあるんだろう……、まだまだ読み終わらないな」と何度も確認してしまうこともあるかもしれません。それも、読書なのです。

クラッとするのも恐れずに、深みへ入っていく。「来い、クラっ！」と敬意を込めて武士のような気持ちで構え、先に進んでいこうではありませんか。

第3章

思考力を深める本の読み方

読書で思考力を磨く

『星の王子さま』の「狐」は誰か？

思考を深める際にまず大切なのは、自分に引きつけて考えることです。

文章を読んで「そういう意味か、なるほど」と言って終わらせるのではなく、「これは自分の場合の何にあたるだろう？」「自分だったらどうだろう？」と考えるのです。

たとえばサン＝テグジュペリの『星の王子さま』をただ読んでストーリーを理解しただけでは思考は深まらないかもしれません。しかし、王子さまが自分の星に残してきたバラとは自分にとって何だろう、狐とはどんな存在だろうと考えてみると、深まりはじめます。

王子さまの小さな星には一輪だけバラが咲いていました。一生懸命世話をしていましたが、バラの気まぐれな態度と言葉に振り回され、逃げるように星を出て旅をする王子さま。「王様の星」や「実業家の星」など一風変わったいくつかの星を経て地球にたどりつきます。そして何千本ものバラを見て、自分が特別だと思っていた一輪のバラは実はありふれた普通の花だったことを知り悲しみます。

そこへ狐が来たので、気晴らしに遊ぼうと誘いましたが、狐は「仲良くなっていないから遊ばない」と言います。狐の言う「仲良くなる」とは、絆を深め、他のものとは違う存在になること。王子さまは狐との対話を通じて、あのバラは世界に一つしかないバラだとわかるのです。

狐との別れのときになって、狐は「あんたのバラをかけがえのないものにしたものは、費やした時間だ」と言い、「大切なものは目に見えない」という秘密を教えてくれました。

作者のサン＝テグジュペリが作品に込めたメッセージを読み取ろうとするのが「読

解」です。

たとえば、大人は権力や名誉やお金などに気をとられ、本当に大切な「絆をつくること」を忘れてしまっている。絆のように目に見えない価値に気づくことで、人生を豊かにすることができるのだ――。そんなメッセージを伝えているのではないか、というように考えるのです。

さらに読解だけでなく、もう一歩自分に引きつけて考えてみましょう。

「自分にとっての狐は昔、心に残る言葉を言ってくれた○○くんかなぁ。ちょっと面倒くさいところがあって邪険にしてしまったけれど、気乗りしなくても何か約束をして時間をかけることで絆をつくれたのかもしれない」

などと考えていきます。そうすることによって、物語の筋を理解しただけでは到達できない「深み」が見えてくるのです。

本を読んでいてはっとする部分があったら、きっと自分の経験と何かつながりがあるはずです。

それを放置して読み進めてしまえば、どこではっとしたか、なぜはっとしたのか忘れてしまうもの。だからメモしておくことをおすすめします。直接書き込むのでも、メモ帳でも何でもいいと思います。そのメモを手掛かりに、あとからまた思考を深めていくことができます。

感情をのせて読む

どんなジャンルの本にせよ、情報として読むだけでは思考はなかなか深まりません。思考が深まりやすいのは、感情が動いているときです。

思考力のある人は、感情をよく動かしています。頭と心、両方必要なのです。だから、思考力を深めるには「感情をのせて読む」ことが重要です。

発酵学者の小泉武夫さんは「発酵」というものを研究し、深めています。「発酵」を愛してやまない。「発酵」に心を動かされ続けているのです。発酵食品はすべて気になるし、発酵のもととなっている微生物を大切に思っている。

そんな小泉さんの本を読むと、「発酵ってすごい！　すごすぎる」と叫びたくなります。私は小泉さんの本が好きで、「小泉武夫月間」のようにして月に10冊ほど読んだときがありました。すると、食べるたびに発酵食品について語らずにはいられないし、微生物の働きに感謝せずにはいられませんでした。

『ファーブル昆虫記』は誰でも子どもの頃（少なくとも一部は）読んだことのある本だと思います。読みながら「すごい、すごすぎるよ、フンコロガシ！」「昆虫すごいよ！」と興奮したのではないでしょうか。ファーブルの驚きや感動をなぞるように、心を動かしながら読んでいたはずです。同じように、著者の心と一緒になって「すごい！」と感動しながら読めばいいのです。

心が動き出せば、思考も一緒に深まっていきます。

思考の浅い・深いは「読書感想文」でわかる

思考力を使わずにただ本を読んだだけの場合、感想を聞かれてもコメントできません。要約はできるけれども、作者の伝えたかったことや自分に引きつけて考えたことが何も言えないわけです。

思考力があるかどうかは、読書感想文でわかってしまいます。あらすじだけで終わっている読書感想文が最低レベルとして、その次のレベルは「何々に気をつけようと思いました」というような反省で終わるタイプのものです。これも、ほとんど何も考えていません。夏目漱石の『こころ』を読んで、「友達を裏切るのは良くないと思いました」なんていう感想だったとしたら、それは全然思考力を働かせていないだろうという話になります。

ぼんやりと普通に読んでいるだけでは、自分の思考が浅いのか深いのかすらわからないかもしれません。いま何メートル掘ったのかわからないと、さらに掘ろうというモチベーションも湧かないでしょう。一方、深く掘っているぞ、という感覚がある人は掘り続けます。

ですから読みながらメモする。メモをするという作業が、思考の深掘りを続ける助けになります。「その通り！」「面白い」といった一言でもいいし、自分の体験とつながる部分はそのキーワードを書くのでもいいでしょう。

感情が動いたら、その感情をあらわす顔文字のようなマークを付けておくのもいいと思います。面白くて笑ったらニコニコマーク、驚いた箇所はビックリした顔のマーク。読みながら得た自分の感触、インスピレーションをつなぎとめておくのです。

思考を深める「対話」「レビュー」の活用法

思考は「動かす」ことが必要です。動かすためには刺激がなければならない。自分ひとりの頭の中で考えを深めるのは難しいことです。多くの小中学校で、「いまから15分でこれこれの問題について考えてください」というように「考える時間」をつくったりしますが、たいていは最初の1分しか考えていません。あとは全然違うことを考えています。思考が行き詰まってしまう。そこで「対話」が必要になるのです。

ある考えに対して、ちょっと違う考えをぶつけられれば、次の考えに進むことができます。矛盾をどうにかしようと思考を働かせられるのです。

対話によって思考を深めるやり方を好み、流れをつくったのはソクラテスとプラトンです。

対話は、単純なおしゃべりとは違います。思い込みを崩して、新たな気づきを得られるようなものです。ソクラテスと言えば「無知の知」が有名です。ソクラテスは対話によって「知ったつもりでいたけれど、自分はわかっていなかった」と気づくことが重要だと考えていました。わかったつもりにならなければ、さらに探求し続けることができます。深めていくことができるのです。

思考を深めるには、対話をするのが一番。

だからおすすめしたいのは本を読んだら人に話すことです。話しはじめれば何か言わなければと思考が動き出します。相手から質問をされたり、違った理解の仕方を提示されればさらに考えが深まります。

実際やってみるとわかりますが、記憶があいまいだとうまく伝えることができません。相手から質問されて答えられなければ、理解が足りていないのです。

私自身は中学生の頃から、本を読むたびに友達に話していました。友達も同じ本を読んでいれば感想を言い合うし、どちらかだけ読んでいる場合でも、片方が伝えても う片方が質問をする。読んでいる途中の段階でもとにかく話す。それが普通になって いました。その友達とは大学、大学院までも一緒だったので、本を読んでは対話する というのを10年以上繰り返していたことになります。

これはとてもいい思考の訓練になっていました。

『罪と罰』のように長くて途中で挫折してしまいそうな本も、途中の段階で人に語る と「マイ・ブック」の感覚になってきます。自分の本だ、という気がしてくるのです。 気分が盛り上がってきて読み続けられるし、思考も深まります。

語る相手がいない場合には、レビューを読んでみてください。いまの時代、検索す ればネット上に感想がたくさん見つかります。

自分と同じ感想を持った人のレビューを読めば「そうそうその通り」と思って考え の確認ができますし、「それは気づかなかった」「なるほどそういう見方もあるのか」 と新たな観点に気づかされることもあるでしょう。レビューの中には「いやいや、そ れはない」「ちょっと浅い感想じゃないかな」と反論したくなるものもあるかもしれません。反論するということは、思考が動いているのです。

私はレビューを大量に読むのですが、専門書などですごく深く読み込んでいる人のレビューを見つけることがあります。批評や解説を読んでいるかのようです。ネット上の文章は玉石混交といいますが、玉のような価値ある文章もあるわけです。石のような文章も、「それはないんじゃない」と反論できますから、一人で読んでいるよりは思考を深めることができるはずです。

読んだ本のポップを書いてみよう

読書感想文を書くというと、ちょっと重たい感じでなかなか筆が進まない人は多いと思います。では、人におすすめする短い文章を考えるというのはどうでしょう。最近小学校では本のポップを書くという授業が行なわれることがあります。まだその本を読んだことのない人が、「読んでみたいな」と思うようなおすすめ文を書くのです。感想文というよりは、キャッチコピーのような感じです。

いまの若い人はキャッチコピーのような短いフレーズをつくるのが上手で、考えるのも楽しいようです。長い文章を書くのは負担に感じるけれど、短い文章をつくるのはSNSのおかげか慣れているのですね。

ただし、短い文章で本の魅力を伝えるというのは本来難しいことでもあります。「面白かったです、ぜひ読んでみてください」と言っても当然魅力は伝わりません。その本固有の魅力を文章にしなければならないのです。

そうすると、これは誰におすすめしたい本なのか、それはなぜか、これを読むとどう変わるのか、自分にとってはどんな価値があったのかなどを考えることになります。

「夢や目標に向かって頑張っている人に読んでほしい本です。置き去りにしている大切なものはありませんか？」

「絆とは単純な『支え合い』ではなく、費やす時間や責任を伴うものだと教えてくれました。目に見えないものの価値をあらためて考えさせてくれる本」

1冊の本でも、おすすめ文をたくさん書いてみましょう。「これぞ」というものを最初からひねり出そうとするのではなく、イマイチでもたくさん出してあとから絞るほうがラクにできます。何かしら書けばそれに刺激を受けて別の文が思い浮かびますし、思考を深めていくことができます。

私は本の帯文を頼まれることがありますが、案を20個くらい出します。とりあえず10個書き出すと止まらなくなって20個になってしまうのです。思考が回転しはじめると、さまざまなアイデアが出てくるものです。

おすすめ文を考えたら、ツイッターなどSNSに投稿するのもいいでしょう。そこでまた対話が生まれるかもしれません。

好きな文章を3つ選ぶ

自分にとってどんな価値があったのか、何が魅力なのかを考える際に最も簡単なのは、本の中から「好きな文章を選ぶ」ことです。

私はよく「好きな文章を3つ選べ」という話をしています。好きな文章を3つ選ぶことを決めておいて、読み進める。そうすると、なんとなくのっぺりとした感じで読むのではなく、浮き上がって見えるような文章を探すことになります。

見つかったら赤や青の線で囲ってしまうと、さらに浮き上がります。これが思考を深める助けになります。


小学生を集めて塾をやっていたときも、ゲーテやシェイクスピアなどのテキストでこれをやってもらいました。難しい部分もありますが、小学生なりに読んで好きな文章を3つ選びます。それを発表してもらうとともに選んだ理由も話してもらうと、盛り上がります。二人一組になってお互いに話したりすると、止まらなくなるのです。

このときすでに思考はかなり深まっています。だから、立派にコメントが言えてしまう。「セレクト＆コメント」です。

選ぶだけだから簡単です。そのわりに、思考が深まるのです。

ニーチェにもツッコミを

少し距離を保ちつつ、思考力を働かせて読むには、「ツッコミを入れる」のがおすすめです。

お笑い芸人のように「そんなわけないだろ」とか「よしなさい！」とか言って笑いながら読むのです。

ニーチェの最後の著作『この人を見よ』を読みながら、「なぜわたしはこんなに賢明なのか」「よしなさい！」「なぜわたしはこんなによい本を書くのか」「よしなさい！」「本を読むこと——それをわたしは悪徳と呼ぶ！」「言いすぎだろ」などとツッコミを入れる。

マキアヴェッリの『君主論』を読みながら、「加害行為は、一気にやってしまわなければならない」「そうそう、一気に！……ってひどいよ！」「これに引きかえ、恩恵は、よりよく人に味わってもらうために、小出しにしなくてはならない」「そうそう、ちょっとずつちょうだい……って、なんかずるいわ！」などとノリツッコミを入れる。

偉大な著者には極端な人も多いので、そうやってちょっと引いて笑いながら読むわけです。そうすれば、全部呑み込まれるのではなくて、自分は自分として考えながら読んでいることになります。

『ハムレット』にしても、ハムレットの悩みと自分を重ね合わせてしまうと笑えませんが、ちょっと引いて読むと「いやそれちょっと考えすぎだよ」とツッコミを入れられます。

オフィーリアに対していきなり「尼寺へ行け」って、「それはないでしょ、ハムレット！」。

笑うのは感情が動いているということです。笑いながら読むと、その読書体験自体が面白く、心にも残ります。

思考の回転を速める「予測読み」

もう一つ思考を回転させるのにいい読み方は、先を予測しながら読むことです。

次の文章はこう来るな、次の展開はこうなんじゃないか、などと考えるのです。これも頭を使います。「ふむふむ、そうですかそうですか」と当たり前のように読んでいるだけでは、結局何も考えず、何も残りません。

名著と言われているものは、だいたいその予想を裏切ってきます。想像の上をいくのです。すると「はぁ〜そう来たか。すごい」と感嘆して思考も深まりやすくなります。

村上春樹さんの小説を読んでいても、やはりストーリーテリングがうまく、予想の上をいく感じがあります。もちろん、予想を裏切られることだけがいいわけではありません。村上春樹さんを相当読み込んでいる人は、だんだん先が予測できるようにもなるでしょう。「やっぱり来た！」「デジャヴだ！」と嬉しくなります。設定が違っても、ある種のパターン、スタイルがわかっているので予測できるのです。

予想通りでも嬉しいし、予想を裏切られても嬉しい。著者をリスペクトしていると、そういう読み方ができます。逆も真なりで、そういう読み方をしていると著者をリスペクトできるようになります。

子どもの頃紙芝居を見ていたときは、紙が1枚めくられるときに「さぁ次はなんだ」というドキドキ感があったと思います。本もページをめくるという行為がありますから、それを利用するのもいいでしょう。

次を予想しながらページをめくる瞬間、ドキドキする。

それが本を読み進める力、思考を回転させる力にもなります。

思考力を高める名著10

『方法序説』　ルネ・デカルト／著　山田弘明／訳　ちくま学芸文庫

「われ思う、ゆえにわれあり」という有名な言葉が出てくるのがこの本。私たちが理性を中心として生き、理性を武器に真理の探究を行なうための方法を述べたものです。

デカルトは真理に近づく思考方法をシンプルなものにしようと、4つの規則をつくりました。「速断と偏見を避け、明証的に真と認めるもの以外は真として受け入れない」「小部分に分割する」「単純なものから複雑なものへ行く」「完全な枚挙と見直し」。この4つの規則で考えることを習慣づけ、鍛錬していったのです。ここに至るまでの精神の過程も正直に誠実に語られているのがいい。読みやすく、魂のこもった本です。

『論理哲学論考』　ヴィトゲンシュタイン／著　丘沢静也／訳　光文社古典新訳文庫

命題という思想スタイルがかっこいい。ヴィトゲンシュタインは、この本で「思考に境界線を引こうとしている」と言います。境界線を引くことができるのは言語であり、境界線の外側にあるのはナンセンス。私の言語の限界が私の世界の限界というわけです。「語ることができないことについては、沈黙するしかない」。通常の本のように章や節に分かれているのではなく、短い命題一つひとつに数字がふられているという変わった叙述方法なので、ぱっと見たときには面食らうかもしれません。しかし、この書き方もヴィトゲンシュタインの思考プロセスに沿ったものです。

『五輪書』　宮本武蔵／著　渡辺一郎／校注　岩波文庫

剣豪・宮本武蔵が60歳のときに綴った、心技体の最高レベルの融合への道。「万里一空」の境地に至るには、「鍛錬」と「工夫」と「吟味」あるのみ。単に反復練習するのではなく、工夫と吟味で質を高めるのです。

兵法の奥義『五輪書』は、知るために読むものではなく、この書の内容を一つずつ稽古し、鍛錬するためのものです。たとえば「拍子（タイミング）」について。拍子に背くことが一番まずいので、拍子を鍛錬しなさいと言います。「あたる拍子」「間の拍子」「背く拍子」。拍子を概念化して捉え、習得すべき技として提示しています。達人の認識力に感銘を受けます。

『風姿花伝』世阿弥／著　野上豊一郎・西尾実／校訂　岩波文庫

能という芸で一族が厳しい世界を生き抜いていくための秘伝の書。観阿弥・世阿弥親子は、将軍や貴族に気に入られることはもちろん、同時に一般にも喜ばれるものを目指していました。質が高く、一般受けする芸です。

この課題は現代の仕事にも通じるので、自分に引きつけて考えやすい。読みやすくはありませんが、「秘すれば花」「初心忘るべからず」など有名な言葉を見つけて自分のものにする

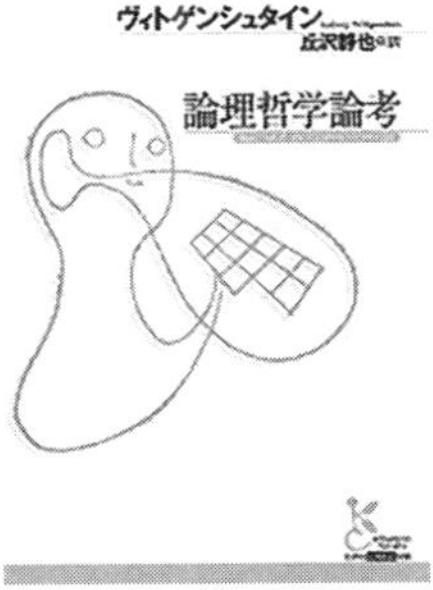

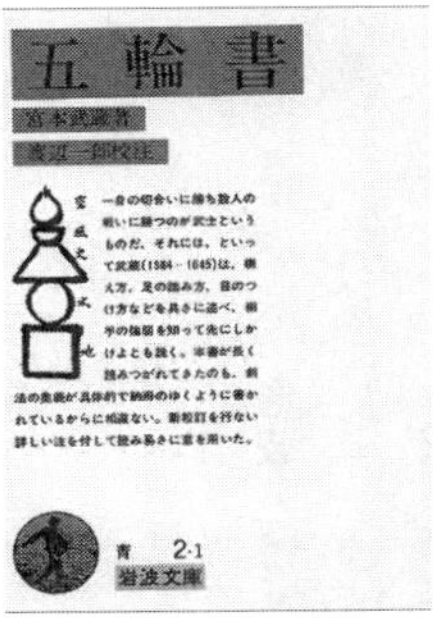

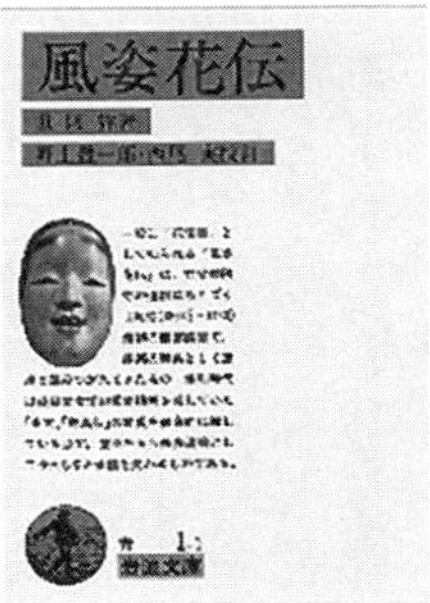

気持ちで読むといいでしょう。文化を背負った人間が情熱を傾けて書いている秘伝書ですから、莫大なエネルギー量が放出されています。

『この人を見よ』　ニーチェ／著　手塚富雄／訳　岩波文庫ほか

ニーチェ最後の著作であり、自叙伝。目次からしてすごい。「なぜわたしはこんなに賢明なのか」「なぜわたしはこんなに利発なのか」「なぜわたしはこんなによい本を書くのか」「なぜわたしは一個の運命であるのか」。これまでの思想と著作について、ニーチェ自身が解明しているのです。極端に感じる表現も、あえて危険を冒しながら時代に対峙していた気概のあらわれでしょう。ニーチェはこの1年後に精神的に破局してしまうのですが、そのスレスレの本気が伝わってきます。言葉にとても力があります。

『君主論』　ニッコロ・マキアヴェッリ／著　佐々木毅／全訳注　講談社学術文庫

現代の経営者やリーダーでも愛読している人が多い『君主論』。徳の高い理想の君主像を語るというより、現実に即して具体的に何をなすべきかアドバイスしたものです。

合理的で実際的なマキアヴェッリの考えは、現代の自分の状況に置き換えながら読むとヒント満載。「加害行為は一気にやるべき。一方、恩恵を与えるのは少しずつほどこすことで、ゆっくり味わえるようにしなければならない」といった助言などは、支配術のようでエグい感じがするかもしれませんが、「叱るときは一気にやって、ぐちゃぐちゃ引き延ばさない」と読めば使えるでしょう。

『饗宴』 プラトン／著　久保勉／訳　岩波文庫

ソクラテスの対話を書き残したプラトンの著作の中でも、とくに読みやすいのが『饗宴』です。

タイトルの饗宴とは、飲んだり食べたりしながら話に興じることで、いわば「飲み会」です。しかも、ここでのテーマは恋愛。弁舌巧みな参加者たちが愛の神エロスについて語るのです。そのトリを務めるのがソクラテス。ソクラテスは参加者たちに質問を投げかけ、論点を絞ります。そのうえで、愛の本質に迫っていくのです。

知を愛することや無知の知といった根幹的な哲学についても触れることができますし、ソクラテスの人物像も伝わってきますから、最初に読むソクラテス本としておすすめです。

『歴史とは何か』　E・H・カー／著　清水幾太郎／訳　岩波新書

「歴史は、現在と過去との対話である」。著者カーの歴史哲学の精神です。歴史家は過去の事実を研究しますが、古い文献に書かれている事実の解釈には、どうしても「現在にとっての意味」が入り込みます。歴史的事実といっても、事実そのものではありません。

カーの歴史哲学にはさらに「未来」まで入ってくるのがすごいところ。現在は時間とともに未来に食い込み、それとともに過去も姿を変え、意味も変わっていきます。完成はないのです。高度な哲学ですが、ケンブリッジ大学で行なった講演録なので読みやすい。

『寝ながら学べる構造主義』　内田樹／著　文春新書

20世紀の重要な現代思想の一つ、「構造主義」について徹底的にわかりやすく解説した入門書。構造主義の代表的な思想家は、ソシュール、ジャック・ラカン、レヴィ＝ストロース、ミシェル・フーコーなどです。構造主義の思想自体は複雑で難解ですが、この本は「そういうことか！」とどんどん読み進められます。

深さを保ちつつ、わかりやすい文章が、中高大学の入試問題によく登場するのも納得です。この本に限らず、内田さんの本を読むと、自分の頭で考えて立ち向かっていく姿勢に刺激を受けます。

『ファスト&スロー』　ダニエル・カーネマン／著　村井章子／訳　友野典男／解説　ハヤカワ・ノンフィクション文庫

心理学者でもあり、ノーベル経済学賞を受賞したダニエル・カーネマンによる行動経済学の本。私たちがいかに些細なことに引っ張られて誤った判断をしてしまうか、徹底的に解明しています。前提となるのは、直感や感情のように自動的に発動する速い思考モードと、意識的に努力して発動させる遅い思考モードの二つがあるということ。そして、どちらの思考モードも間違うことがあります。

カーネマンは研究結果をたどりながら、読者に質問を投げかけます。あなたはこれをどう判断しますか？　ボリュームがあるので挫折しそうという人は、下巻にある「プロスペクト理論」だけでも。

第4章

知識を深める本の読み方

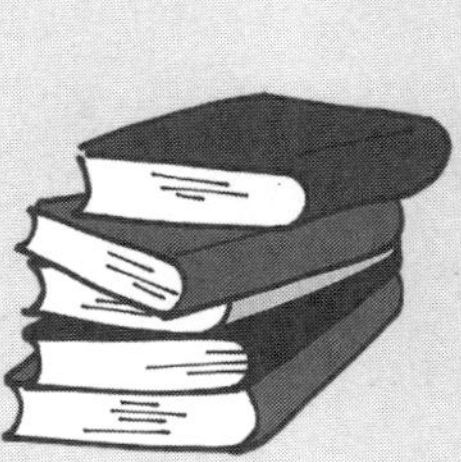

知識を持つほど世界が広がる理由

自分の持つ知識の中で、たとえば自然科学系の知識が足りないと思えば、そういった本を積極的に読むといいでしょう。

知識と認識はセットです。知識なしで頭だけ鍛えようと思っても難しい。知識が増えると認識力も高まるという関係にあります。

自然科学系の本は、文系の人はなかなか手が伸びない分野かもしれません。理系の人は、文系の内容にあまり抵抗はないようですが、文系の人は理系の内容に苦手意識を持つ人が多いようです。

しかし、文系の強みは「本が読める」ということ。理系の内容だって言葉で構成されている本には違いありません。数式が出てきたらとばしても、全体を読んで捉えることはできるはずです。文系の人は、「本が読めるのだからすべての分野をカバーできる」と考えればいいのです。

宇宙、生命、物理など自然科学の知識を手に入れると、一気に世界が広がります。ミクロの世界もマクロの世界も、驚きと感動でいっぱいです。人生観さえ変わるかもしれません。

いまは理科系の内容を理解するための優れた解説書がたくさん出ています。ニュートンの物理学を理解するのに、必ずしも『プリンキピア』を読む必要はないのです。文科系の書物は古典の威力がすごいのですが、理科系の書物は時代とともに発展を続けています。子ども向けの科学読み物にも面白い本はたくさんあります。

いま全国の小中学校で行なわれているのが、「理科読活動」。科学に親しみ、積極的に理科を学ぶ意欲を育てるため、理科系の本をすすめる活動です。『理科読をはじめよう』（滝川洋二／編　岩波書店）には、学校の図書室や地域での「理科読」事例とともにおすすめの科学本が紹介されています。子どもにおすすめの本ですから、あまり難しい本はありません。でも、十分その奥深さが伝わってきます。

たとえば『空気の発見』（三宅泰雄／著　角川ソフィア文庫）。酸素や二酸化炭素など気体の発見物語です。空はなぜ青いのか、空気中にアンモニアが含まれるのはなぜかといった身近な疑問を平易な文章で解き明かしてくれます。

『ライト兄弟はなぜ飛べたのか――紙飛行機で知る成功のひみつ』（土佐幸子著／さえら書房）は、実際に紙飛行機で実験をしながら、空気より重たいものが空を飛ぶ原理を学ぶ本です。ライト兄弟の工夫と成功の過程を追体験しつつ、科学への姿勢を感じ取ることができるのがいいですね。

本格的な名著に導いてくれるガイドがほしい場合は、京都大学の鎌田浩毅教授の『世界がわかる理系の名著』（文春新書）がおすすめです。ガリレオ『星界の報告』からユクスキュル『生物から見た世界』、プリニウス『博物誌』、ワトソン『二重らせん』などの名著が、どんな状況で書かれ、世界にどんなインパクトを与えたのかをわかりやすく紹介しています。

なお、私も『文系のための理系読書術』（集英社文庫）という本を出しています。楽しんで読みながら科学的知識も身につくような小説、漫画から、世紀の大発見を追ったドキュメンタリー、古典的名著まで幅広く50冊ほど紹介しています。

こういったガイドを頼りに、自然科学の世界を広げていってはいかがでしょうか。

「驚く」ことが知のはじまり

アインシュタインという名前を聞いて真っ先に何を連想しますか。舌を出したユーモラスな写真が思い浮かぶ人は多いかもしれませんね。「相対性理論」に代表される、それまでの物理学の常識を大きく変えるような偉大な理論を打ち立てた天才です。

世界一有名な方程式E＝mc²は、アインシュタインの特殊相対性理論の中で発表されたものです。この方程式の重要性はみんな知っていますが、ではその意味するところはどうでしょう。

『E＝mc²』（デイヴィッド・ボダニス／著　早川文庫）という本があります。この本の冒頭では、ある映画雑誌に掲載されたキャメロン・ディアスのインタビューの中で、何か知りたいことがあるかと尋ねられた彼女が「E＝mc²がいったい何を意味するのか知りたい」と答えていたという話が紹介されていました。インタビュアーとディアスは笑い合いますが、記事はディアスの「本気よ」という言葉で締めくくられていたとのこと。

科学ジャーナリストのデイヴィッド・ボダニスは、$E=mc^2$の伝記を書くことにしました。そう、アインシュタインの伝記ではなく、この方程式の伝記。方程式がどのように生まれ、どのように使われてきたのかをアインシュタインはじめさまざまな科学者、研究者の物語とともにあらわした本なのです。

この短くシンプルな式の背後には、ものすごく深い世界があります。

式の意味をごく簡単に言ってしまえば、エネルギー（E）は質量（m）であるということです。cは光の速度のことです。光の速度は一定で、1秒間で地球を7周半します。その二乗ということは、とてつもない数だということがわかりますね。

つまり、ちょっとした質量でも、莫大なエネルギーを含んでいるという式なのです。これによって、それまで誰もわからなかった太陽の謎がわかってしまいました。なぜこんなに熱を発し続けられるのか。核融合によって少ない質量を莫大なエネルギーに変えているのが太陽なのです。

原子爆弾もそうです。原子爆弾は、原子核を分裂させて質量を減らし、相応分を膨大なエネルギーに変えているものです。そういう恐ろしい式でもあるわけです。平和主義者だったアインシュタイン自身は、ウランの核分裂が発見されてから、自分の式が恐ろしい武器とつながることを悟って恐怖を感じていました。

　宇宙の本質を捉えて、単純な式にし、応用できるようにしてしまう人間の知性に驚嘆せざるをえません。なんとすごいのでしょうか。


　ところが、$E=mc^2$にも驚かない人もいます。

「だから何？　全然わからない」と切り捨ててしまう人。数式が出てきた時点でもう「無理」と言って知ろうとしない。あるいは「『源氏物語』？　古文はつまらない」「x軸とかy軸なんて知らなくても生きていけるし」などと言って深みに入っていこうとしない。

　それは、失礼ながら「無教養な人間のやる無作法な態度」というものです。


　驚くべきことに驚けるのは、実は教養があるからです。知識豊富で教養豊かな人は、もうあまり驚くことがないのではないかと思うかもしれませんが、逆なのですね。知れば知るほど、心の底から驚くことができるのです。知識がないと、何がすごいのかわからない。ぴんとこない、ということになります。

プラトンは、『テアイトス』（岩波文庫）で、ソクラテスに「驚くということ、驚異の情が、知の探究のはじまり、すなわち哲学だ」ということを言わせています。

驚いて、深めていくことが人間らしい行為と言えるのではないでしょうか。

知識は細胞分裂のように増える

読書で知識を深めたいと思ったとき、最初のうちはなかなか知識が増えない感じがするかもしれません。読んだはずなのにちゃんと頭に残っていないと「読んだ意味はあったのだろうか？」とむなしく思ってしまいますね。でも、「自分はバカなのだろうか」と悲観する必要はありません。

知識の増え方について考えるとき、普通は10努力すれば10増える、20努力すれば20になるというような正比例の図をイメージするのではないでしょうか。しかし、私の感覚はそうではありません。細胞分裂のように、倍、倍で増えていく感じです。

1が2になり、2が4になり、8、16、32、64、128……。

最初のうちはたいした違いがないように見えますが、積み重ねるほど大変な差になります。

読書の場合も、最初の20冊30冊くらいはたいして知識も増えていないし、読むのが大変な感じがすると思います。一生懸命細胞分裂しているけれども、「まだ細胞16個かよ、そんなんじゃ人間にはなれないよ」という状態。ところが、あるところまでいくと突然どんどん知識が吸収できるような感覚が生まれます。知っていることが増えたので、新しい知識もスムーズに入ってくるようになるのです。

すでに知っていることは確かな知識として定着し、新しいことも「つながり」が見えます。「あ、あれと同じだ」とか「ここでつながっている」とわかる。どんどん知識がつながっていくから加速度的に増えていきます。

何も知らない分野については一生懸命読んでも、なかなか頭に残らないものです。ある程度ベースとなる知識があれば、新しい話にもついていけます。本を１０００冊読んでいる人は、１００１冊目を読むときには速く読めて知識も残ります。１００冊読んだ人の１０１冊目よりもコスパが良いと言えるのです。

1テーマ5冊読めば「ランクA」

あるテーマについて知りたい場合、続けて5冊ほど読むとかなり知識が得られます。私は一人の研究者、学者の先生につき、だいたい5冊を続けざまに読みます。そうすると、5冊目を読む頃には同じことの繰り返しのように感じられます。それだけ知識が定着したということです。

まったく知らない分野の本は、1冊2冊読んでもまぁ身につきません。理解できていない箇所も多いと思います。だからと言って、一行一行理解しようとしたら先に進めず挫折してしまうでしょう。それよりも、8割忘れたっていいやというくらい気楽に、まずは通しで読んでみる。読み終わったら、同じ著者の別の本を読む。

それを繰り返します。同じ本を2回読むのもいいけれど、飽きてしまうので別の本を読みます。そうやって、ペンキの上塗りのように知識を積み重ねていきます。最初は適当でいいのです。適当に塗るのを繰り返せば、ちゃんとペンキが濃くつきます。

このペンキの上塗り方式で、知識が積み重なり「詳しい人」になれます。新書は知識がコンパクトにまとまっていて大変便利なものです。その新書をたった5冊読むだけで、「全然知らない」Cランクから「けっこう詳しい」Aランクになれるのです。2冊読むだけでも「ちょっと詳しい」Bランク。「スーパー詳しい」Sランクは、20冊くらい読めばいけるでしょう。研究者レベルは2000冊かもしれませんが、一般の人の基準だったら、20冊でSランクです。

たとえば中東パレスチナ問題で20冊読むとします。1～2冊読む人ならたくさんいるでしょうが、20冊読む人はめったにいません。スーパー詳しい人になれます。宇宙のダークマターで新書5冊、ブラックホールで新書5冊、宇宙論で新書5冊というふうに読んでいけば、宇宙についてけっこう詳しい人です。

私はそうやって、あるテーマについて読んだ本をまとめて本棚の一つのボックスに入れています。四角いブロック型の本棚で、1ボックスあたり20～30冊入ります。テーマごとにそこに詰めておけばいいので探すのも簡単。ここは福沢諭吉関連、こっちは中東問題で宇宙はここ、と分かれているのです。こうやってスーパー詳しい分野をボックスで増やしていく感覚です。

「つながり」を意識すれば、知識が取り出しやすくなる

本を読んで知識を自分のものにするには、人に話すのが一番です。自分が発見したことであるかのように臨場感を持って、感情をのせて語る。そうすると、知識はしっかりと定着し、自在に使うことができるようになります。

いくら知っていることが多くても、誰にも話さないし使うことがないというのでは、宝の持ち腐れです。知識は人に話して、使ってこそ輝くというもの。「さすが、よく知っているね」「知識があるね」と言われれば、それが追い風となってさらに知識を深めていくことにもなるでしょう。

知識を使うには、「文脈」が重要です。文脈に合わせて、さまざまな知識を取り出す。本の中にあったエピソードをひとまとまりにして話せたりすると会話も盛り上がります。話の流れに乗りながら、自然な形で本の話題を出し、そこからまた次へつなげて

いきます。そういった取り出しがうまい人が「知識のある人」として評価されるのです。

知識が浅い人は、一つひとつの知識が離れ小島のようになっていて、なかなかつながりません。つながらないから、文脈に合わせた取り出しがうまくいかない。「関係ないけど、この本にこういうことが書いてあってね、こうなんだって。はいおしまい」なんて披露しても、話の腰を折ったわりに面白くないという残念な結果になってしまいます。

知識を上手に取り出せるようになるには、「つながり」を意識して本を読むといいでしょう。古い本だったら現代とのつながりを考える。前述しましたが、ジャパネットたかたの髙田明さんは世阿弥の『風姿花伝』とビジネス上の哲学とにつながりを見いだし、『髙田明と読む世阿弥』（日経ＢＰ社）という本にまとめています。私は『こども孫子の兵法』という本を監修していますが、その本では孫子の『兵法』を現代の子どもたちの状況につなげています。

たとえば「利に合えば而《すなわ》ち動き、利に合わざれば而《すなわ》ち止《とど》まる」という言葉があります。自軍に有利な状況なら動き、不利なら留まるということで、「有利・不利」を見極めて動くかどうかを判断せよということです。これを、『こども孫子の兵法』では将来の夢に悩んだときに役立つ言葉として紹介しています。「こども訳」を引用しましょう。

なにかをはじめるときは、自分が「好きか嫌いか」だけではなく、「有利か不利か」でも考えよう。

(『こども孫子の兵法』齋藤孝／監修　日本図書センター)

古い言葉でも、現代の状況につなげて考えることができれば、生きた知識として使うことができるのです。

また、読んでいる本同士のつながりもあります。

たとえばニーチェを読んでいると、ゲーテとのつながりを感じます。ゲーテの『ファウスト』の中には「時よ止まれ、お前は美しい」という有名な言葉があります。ニーチェの『ツァラトゥストラかく語りき』にも似た言葉があって、「すべての喜びは永遠を欲する」と言っています。ゲーテを尊敬していて影響を受けたというニーチェだから、なるほどつながっているなぁと感じるわけです。

こういったつながりを意識しながら読んでいると、文脈に合わせて知識を取り出すのがうまくなるはずです。

新しい本との出合いで知識を広げる

「ベストセラー」は読む・読まない?

ベストセラーだったり、話題になっている本は、その流行っているときに読むというのも大事です。ブームになるのはその時代の空気感にマッチしているからで、それに乗っかれば知識の吸収度も高いのです。

たとえばフランスの経済学者トマ・ピケティの『21世紀の資本』(みすず書房)は、2014年に英訳されてから世界的ベストセラーとなり、日本でもブームが起きました。経済学にとって、また今後の社会全体にとって大きな影響のある本であることは間違いないでしょう。

しかしこの本、分厚いうえに内容もそれなりに難しい。読もうと思っても途中で挫折するか、最初から怖気づいて横目で見るだけの人も続出したのではと思います。だから解説書もたくさん出て、書店にはピケティコーナーができました。

本の内容自体、古びるわけではありませんが「難しそうだから、あとにしよう」「もうちょっと知識を得てからにしよう」と言っていると、ブームは去ってしまいます。こういうのは旬なときを逃さず読んでしまったほうが、そのときの周囲の反応も合わせて理解できるし、知識を吸収できます。

難しくて挫折してしまう、という人はメインの部分だけ読めばいいのです。最も大事な部分を読んで、それだけは言えるようにしておく。本に書いてあることを全部言おうとしたら、20時間や30時間語ることになりますから、そんなことはしなくていいのです。

『21世紀の資本』は、２００年以上におよぶ膨大な資産や所得のデータを分析しているため、本のボリュームも増えてしまったというところがあります。この分析手法も評価が高いのですが、経済学の専門家でなければこれらの分析を丁寧に読み込む必要はないでしょう。でも、パラパラっと見れば「なるほどこれはすごいデータ量だなぁ、よく分析したもんだなぁ」と思います。

そして、最も重要なグラフを探します。ピケティがこの本で言っているのは、要するに「働いてお金を生み出すスピードより、お金がお金を生み出すスピードのほうが大きくなってしまった。金持ちはますます金持ちになり、格差は広がる一方。このまじゃ絶対追いつけないから、ハンデつけてもらわないとね」という話です。その一番の根拠となるグラフがあるのです。それを見つけて、そのあたりの文章を読みます。

そうすれば、ピケティの話にじかに触れたことになります。自信を持って「あのグラフはすごいよね、あれを見ると一目瞭然だよね」といった話ができてしまうわけです。

難解な本でなくても、小説や漫画も話題になったときに読む。お笑いコンビ・カラテカの矢部太郎さんの『大家さんと僕』（新潮社）という漫画は2018年6月に「手塚治虫文化賞 短編賞」を受賞し、ずいぶん話題になりました。実際に読んでみると、「なるほど、これはほのぼのする」「大家さんとこういう関係になれるのっていいな」

などと思います。

自分の守備範囲でなかったものとも出合うきっかけになりますから、ブームをうまく使うといいのです。

「ベストセラーは読まない」と言う人もいますが、それではどうしても間口が狭くなってしまう。たくさんの人が読んでいるのは何かしらいいところがあると考えて、素直にブームに乗るほうが知識は増えていきます。私は流行りものに乗るのも、知的な人生の楽しみ方の一つだと思っています。

出合い頭で知識を広げる

「ブームに乗る」だけではなく、単純に「出合い頭」で知識を広げていくのもおすすめです。

たとえば本屋に行って、たまたま出合った本を買って読むのです。今日は2冊買おうと決めて、ざーっと眺めてみます。いつも行くコーナーだけではなく、範囲を広くとって探します。知識を広げる意味ではなるべく知らない分野の本がいいでしょう。

今日はこれが気になる、という本を見つけて買ったら、すぐにカフェにでも行って読む。キーワードや感情をメモしたり線をひっぱったりしながら、30分でとりあえず読んでしまいます。

それだけでも、「ああ今日は新しい知識に開かれたなぁ」と感じることができるでしょう。

「出合い頭で読む」ことのポイントは、偶然を必然に変えてしまう力にあります。偶然の出合いで本を買うということは、必ずしも名著を選ぶことにはなりません。

読んでみたら好みでなかった、わかりにくかったなど、「正直、はずれだ」と思うこともあるかもしれません。でも、それでいいのです。

何か一つでも知識を吸収しようと考えて読む。一つでも知らなかったことに触れ、考えることができたらその本の価値があります。

その一つがきっかけとなって、別の本につながるかもしれません。知識の大海原へ漕ぎ出す最初の一かきかもしれないのです。

読書三昧の私でさえ、自分のセンスで選んだ本の中で実際に「使える本」は3冊に

2冊程度です。1冊は残念ながら自分にあまり縁のなかった本。「はずれ」です。読書の習慣がない人が「これだ！」と思える本を選ぶのはなかなか難しいことです。

ですから、選びに選ぶよりも出合い頭で読んで、とにかく一つでも知識を自分のものにしてしまう。「つながり」の一つにしてしまう。そういう気持ちで読むのです。


もう一つは、人にすすめられた本を素直に読むことです。

この本にもおすすめの本をいくつか載せていますが、ブックガイド的な本や雑誌はありますし、ネット上にも本の情報はたくさんあります。好きな書評家さんだったり、信頼できそうな人のすすめている本をかたっぱしから読んでしまうのです。

１９７６年から毎年夏に行なわれている「新潮文庫の１００冊」のようなキャンペーンを手掛かりにするのもいいでしょう。

また、国内・国外問わず古典的名著が一通りそろう文庫レーベルとしては、岩波文庫、講談社学術文庫、光文社古典新訳文庫、ちくま学芸文庫などがあります。リーズナブルにオリジナルに触れるという意味では文庫が一番。こうした文庫が本棚に並んでいるとそれだけでかっこいい感じもしますから、とりあえずそろえてみてはいかがでしょうか。

図鑑や百科事典で「全体像」を手に入れる

心理学や脳のしくみ、宇宙のしくみなど、文字だけのものより図があると理解しやすい分野は、図解で全体像を手に入れると知識の吸収が良くなります。ナツメ社の「図解雑学シリーズ」や新星出版社の「徹底図解シリーズ」など私もよく買いますが、気楽にパラパラ見ることができて重宝します。「あれってどういうことだったかな」と見返すのもラクですし、知識が位置づけやすくなります。

三省堂の「大図鑑シリーズ」もおすすめ。大型本で『経済学大図鑑』『哲学大図鑑』など、豊富な図、絵があって楽しめます。

自然科学系の知識があまりない人は、子ども用の図鑑から入るのもいいでしょう。講談社の「動く図鑑　ＭＯＶＥ」というシリーズはＤＶＤつきで、絵や写真だけでなく動いている姿まで見ることができます。『宇宙』の巻にはダークマターのことまでしっかり書かれていて、最新の宇宙の姿を楽しみながら学べるのです。

こういった図鑑や図解シリーズ、百科事典形式のものはスピード感をもってどんどん眺めていくことができるのがいいところです。

私は速読のやり方を教えることもあるのですが、ほとんどの人はなかなか速読ができません。順番に文字に沿って目を動かして読むので、どうしても時間がかかります。「本は1行ずつ読むもの」という意識があって、全体を見るのが難しいのです。

でも、図鑑なら速読できます。全体を見て、ぱっぱっとページをめくることができる。時間をかけて丁寧に読み込むことも大事ですが、同時に、スピーディーに大量に情報に触れるのも大事です。

そういう意味では、気に入ったシリーズを一気に20冊や30冊そろえてしまうのがいいでしょう。1冊2冊買ってゆっくり見るのではなく、一気に攻めるのです。1日1冊眺めて、1か月に30冊。そうしたら重要なテーマは一通りおさえられます。

現代に必要な知識が持てる名著10

『$E=mc^2$』 デイヴィッド・ボダニス/著 伊藤文英・高橋知子・吉田三知世/訳 早川書房

アインシュタインが発表し、世界一有名な方程式となった$E=mc^2$にまつわるノンフィクション。cは光速なので、定数です。

この式の意味するところは、エネルギーは質量に変換できるということ。これによって太陽がエネルギーを出し続けられる謎が解け、また原子爆弾のような兵器の原理ともつながっていることがわかります。さらには、現代使われている医療機器や家電製品にも数多く応用されています。方程式の誕生にも、実用化にもさまざまな科学者たちが関わっており、その壮大なドラマも読みどころです。

『ソロモンの指環』　コンラート・ローレンツ／著　日高敏隆／訳　早川書房

タイトルは、ソロモン王が魔法の指輪をはめて、動物たちと会話をしたという言い伝えから。著者の動物行動学者ローレンツは、指輪などなくても動物たちと会話ができると言います。それは、動物への愛と観察によって可能になるのです。ローレンツは動物を檻に入れて観察するのでなく、自由にさせて一緒に生活をしていました。その苦労話も面白い。鳥のヒナが最初に見たものを親だと思う「刷り込み」の研究はローレンツの観察によるものです。驚きと感動のエピソードが満載の本。

『宇宙は何でできているのか』　村山斉／著　幻冬舎新書

素粒子物理学の基本をやさしくかみくだきながら、「宇宙はどうはじまったのか」「宇宙はこれからどうなるのか」といった謎に迫る本。素粒子は物質をつくる最小単位の粒子で、10の−35乗メートルだと考えられています。一方、いま実際に観測できる宇宙のサイズは10の27乗メートルです。

とんでもなく小さい世界と、とんでもなく大きな世界をつなげて考える面白さ。超ひも理論、クォーク理論やニュートリノなどをざっと理解しながら、宇宙の成り立ちや未来について思いを馳せられます。

『日本思想全史』　清水正之／著　ちくま新書

『古事記』に記された神話から、近代の思想、現代の哲学まで日本人の思考を一気にたどることができる新書です。その時代の文化とテキストに触れ、そこからうかがえる思想を解説しています。たとえば『平家物語』冒頭引用から、貴族世界の「宿世」とは異なる無常観を提示。岡田英弘『倭国の時代』（ちくま文庫）は、古事記や日本書紀などの古代の文献を検証し、東アジア全体の中で古代日本を捉える。知的刺激があります。日本思想史年表や日本思想史を学ぶための文献一覧がついているのも便利。

『常用字解［第二版］』　白川静／著　平凡社

漢字研究の第一人者、白川静さんによる漢字辞典。常用漢字2136文字について、成り立ちを教えてくれます。たとえば「見」という漢字は、人を横から見た形の上に大きな目がある象形文字が成り立ち。そして「見るという行為は相手と内面的な交渉をもつことを意味する。たとえば森の茂み、川の流れを見ることは、その自然の持つ強い働きを身に移し取る働きであった」と説明されています。
漢字が成立した古代社会の知識も得られ、本当に興味深い。漢字のすごさ、奥深さに感銘を受けます。

『アイヌ文化の基礎知識』アイヌ民族博物館／監修　児島恭子／増補・改訂版監修　草風館

北海道に先住していたアイヌ民族は、独自の文化を持っています。アイヌ語は日本語と似た言葉もあるとはいえまったく別の言語。固有の文字を持たず、口承で伝えられてきました。ところが明治時代以降、アイヌの独自の風習は禁止され、日本語が教育される中でアイヌ語を話す人口は減少しました。一つの言語を追い込んで滅ぼしてしまった。大変な文化的問題

です。

この本は、アイヌの言語、料理、服飾、住居、信仰、歴史などについて一通り解説している入門書です。瀬川拓郎『アイヌ学入門』（講談社現代新書）は、交易の民としてアイヌ像が新鮮。最新の研究成果もわかります。

『欲望の民主主義』　丸山俊一＋NHK「欲望の民主主義」制作班著　幻冬舎新書

NHK BS1スペシャル「欲望の民主主義～世界の景色が変わる時～」という面白い番組がありました。この本は、そのインタビューの中からアメリカ人社会心理学者やドイツ人哲学者など6人の言葉を抜き出して再構成したもの。イギリスのEU離脱、アメリカのトランプ大統領の誕生、フランス極右政党の台頭など、激しく世界が変化する中で「そもそも民主主義とは何か?」と根源的なところに立ち返って考えつつ、現在の民主主義を理解しようと努めています。とても本質的な内容で、読み応えあり。

『資本主義の終焉、その先の世界』　榊原英資・水野和夫／共著　詩想社新書

「より速く、より遠くに、より合理的に」を行動原理にしてきた資本主義が、限界に来ているというのは多くの人が感じているところでしょう。それでは、資本主義が終わりを迎えた先の未来とはどのようなものか。この本は、資本主義の歴史から現代の世界経済、日本経済について豊富なデータをもとに読み解き、未来への提言を行なっています。

世界経済の流れがコンパクトにわかり、また「資本主義はどこに向かうのか」というテーマでは著者の二人が対談の形で話を進めているので読みやすい。

『人類の未来』ノーム・チョムスキーほか　吉成真由美／インタビュー・編　NHK出版新書

チョムスキーやカーツワイルなど世界的な学者や思想家たちに、未来についてインタビュ

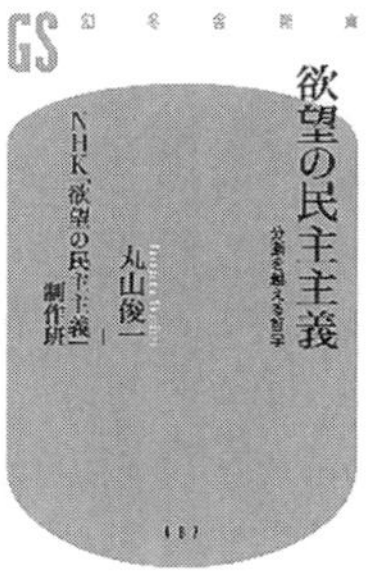

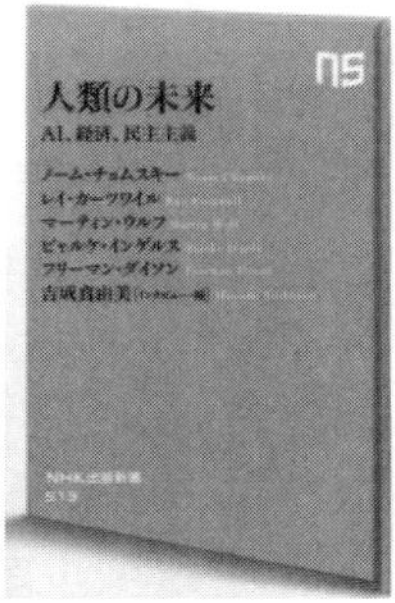

ーしている本。サイエンスライター吉成真由美さんの質問が本質的で素晴らしい。これ1冊でAI、経済、民主主義、都市とライフスタイル、気候変動について簡略にわかってしまいます。それぞれの学者におすすめの本まで聞いていて、背景に文学や哲学が感じられるのもいい。同じシリーズで『知の逆転』『知の英断』もありますから、併せて読んでみてください。

『ホモ・デウス』　ユヴァル・ノア・ハラリ／著　柴田裕之／訳　河出書房新社

世界的ベストセラーとなった『サピエンス全史』の続編。人類は飢餓・伝染病・戦争を克服するためにあらゆる努力をしてきました。この3つの課題がほぼクリアされてしまったいま、人類が何に挑戦しようとするかというと「神へのバージョンアップ」だと歴史家のハラリは言います。ホモ・サピエンス（ヒト）はホモ・デウス（神）になろうとする。その衝撃の未来像には、知的興奮とともに恐ろしさも感じます。ブームに乗ってぜひ読んでみてください。

第5章

人格を深める本の読み方

偉大な人の器に触れる

読書は人格を深めるのにとても役立ちます。人間的に優れた人柄の人を「人格者」と言ったりしますが、知識、思考、感情、性格など統合した個人のあり方が人格です。人間性と言い換えることもできるでしょう。

孔子は人格的に優れていることを「仁」と言いました。そして、人格とは「学ぶことによって成熟させるもの」だと考えていました。

孔子自身、偉大な人格を持っていたから多くの人に慕われ、『論語』のような後世に伝わる書物も書かれたわけですが、「私は多くを学んで道理を知った者ではない。一つのことを貫く者だ（一以て之を貫く）」ということを言っています。「仁」に代表されるような人格を身につけることを、一生かけて貫こうとしているだけだというのです。

孔子の弟子たちは、孔子の人格に直に触れ、さぞや自らの人格を深めていけたことでしょう。身近に人格者がいれば、その人のあり方から深く学びとることができるというものです。学ぶほどに人格を深めることができます。

孔子自身は自分の思想を書き残すことをしませんでしたが、弟子たちがやりとりを『論語』に残しました。現代を生きる私たちも、本を通じて孔子の人格に触れることができます。

孔子のような人格者かどうかは置いておくにしても、名著と言われるような作品を残した著者の器が大きいことは確かです。並外れたところがあるから、偉大な作品を残すことができたのです。

福沢諭吉は『学問のすすめ』という非常にいい本を残していますが、『福翁自伝』もとても面白い本です。もうあんなに面白い伝記を書くことはできないんじゃないかと思ってしまうくらいです。それには明治維新前後という、変化の大きな特別な時代背景があります。そして、福沢諭吉自身の人格の大きさが魅力です。

大阪の適塾で学んでいた頃、一生懸命勉強したところでいい仕事につける見込みもないのですが、「こんなに難しいものを読む者はいないから、自分たちが読んでやろう」という気概でやっていたことが書かれています。

緒方の書生が幾年勉強して何ほどエライ学者になっても、頓《とん》と実際の仕事に縁がない。すなわち衣食に縁がない。縁がないから縁を求めるということに思いも寄らぬので、しからば何のために苦学するかといえば一寸《ちょい》と説明はない。前途自分の身体は如何《どう》なるであろうかと考えたこともなければ、名を求める気もない。名を求めぬどころか、蘭学書生といえば世間に悪く言われるばかりで、既《すで》に巳《すで》に焼けに成っている。ただ昼夜苦しんで六《むつ》かしい原書を読んで面白がっているようなもので、実に訳けのわからぬ身の有様とは申しながら、一歩を進めて当時の書生の心の底を叩いてみれば、おのずから楽しみがある。これを一言すれば――西洋日進の書を読むことは日本国中の人に出来ないことだ、自分たちの仲間に限って斯《こん》様なことが出来る、貧乏をしても難渋をしても、粗衣粗食、一見看る影もない貧書生でありながら、智力思想の活発高尚なることは王侯貴人も眼下に見下すという気位で、ただ六《むっ》かしければ面白い、苦中有楽、苦即楽という境遇であったと思われる。

（『新訂　福翁自伝』福沢諭吉／著　富田正文／校訂　岩波文庫）

どうでしょう、この清々しい文章。福沢のカラリと晴れた性格がよくわかりますね。「さっぱりしたいい人間性だなぁ」と思い、とても気分が良くなります。成功するために学ぶことの薄っぺらさよ。何でも合理的に行動しようとし、お金に換算してしまうような考えを持つようでは、とうていこの大人物の深みに到達できません。

福沢はカラリとした性格が魅力ですが、繊細さが魅力である人もいます。たとえば詩人の中原中也。繊細さのスケールが大きいとでも言うのか、中也の詩を読むとやはりその人格の大きさに感動します。「汚れつちまつた悲しみに」はいまも人気の高い、代表的な作品です。

汚れつちまつた悲しみに

汚れつちまつた悲しみに
今日も小雪の降りかかる
汚れつちまつた悲しみに
今日も風さへ吹きすぎる

汚れつちまつた悲しみは
たとへば狐の革裘《かはごろも》
汚れつちまつた悲しみは
小雪のかかつてちぢこまる

汚れつちまつた悲しみは
なにのぞむなくねがふなく
汚れつちまつた悲しみは

倦怠《けだい》のうちに死を夢《ゆめ》む

汚れつちまつた悲しみに
いたいたしくも怖気《おじけ》づき
汚れつちまつた悲しみに
なすところもなく日は暮れる……

（『中原中也詩集』中原中也／著　大岡昇平／編　岩波文庫）

ここに出てくる「悲しみ」は、透明な美しい悲しみです。そうでなければ汚れることができません。その美しい悲しみが汚れてしまったという悲しさもあります。さらにそのうえに白く美しい雪が降りかかってくる。悲しみ一つをとってもこれだけ繊細に味わうというこの感性。自分のセンチメンタルなんて小さかったな、と思わされます。

詩人は、命がけでものに向かい、感じ取り、感動していて、「普通ならちょっと身が持たないな」というくらいです。詩は中也の存在そのものです。

私はEテレの「にほんごであそぼ」という番組で、金子みすゞの「わたしと小鳥とすずと」や「大漁」といった詩を取り上げていますが、これらの詩は子どもたちにもとても人気があります。みすゞ自身はもう亡くなっていますが、言葉を通じてその感性と魂が生き続けているのです。これはすごいことです。

種田山頭火も人気があります。種田山頭火は、五・七・五の俳句ではなく、自身のリズム感で「自由律俳句」を作った人です。

「分け入つても分け入つても青い山」「まつすぐな道でさみしい」「どうしようもないわたしが歩いている」といった俳句が有名です。こんな俳句をつくり続けたとは、おかしな人ですね。おかしな人ですが、放浪者として一流です。大きな人格を持っているのです。だから、山頭火ワールドに触れると、小さな子どもも小さな子どもなりに心を動かされます。面白がったり、これが好きだと言ったりします。時代を超えて人の心を捉え続けるのです。

「時代を超えた普遍性」を読み解く

長く愛され、世界中で読まれているような文学は、一見特殊なことを書いているようでも必ず普遍性があります。

たとえばギリシャ悲劇の『オイディプス王』。いまから2500年近く前につくられた戯曲で、主人公が置かれた環境はいまとはまったく違います。

テーバイという国に男の子が産まれる際、「この男の子は父親を殺し、母親とまじわるだろう」という不吉な神託を受けたため、父親である王は息子を従者に捨てさせました。捨てられた子は隣国のコリントス王夫妻に拾われ、オイディプスと名づけられました。

立派に成長してから、オイディプスは実の父親が受けた神託とまったく同じものを受けます。すなわち「お前は父親を殺し、母親とまじわるだろう」というものです。

オイディプス自身は、実の父親がテーバイ国王であることを知りません。育ての父親コリントス王を殺すようなことになってはいけないと国を離れることにしますが、道中で出会ったテーバイ王と行き違いから争いになり、相手が誰であるかも知らないまま殺してしまいます。その後、オイディプスはテーバイに現れた怪物スフィンクスを倒し、新しい王として迎え入れられます。そして、未亡人となっていた王妃との間に子どもをもうけるのです。

……と、ここまでが物語の前提。当時誰もが知っている神話です。この神話を前提として、オイディプスが自らの出自を知って破滅していく物語が、ソポクレスによる『オイディプス王』です。

「テーバイの前王を殺害した者を見つけ出し、追放せよ」という神託を受けたオイディプスは、それが自分自身であることを知らずに、なんとしてでも見つけ出そうとします。当然、自らを追い詰めることとなり、妻は自殺、オイディプスは目をつぶすことになるのです。

オイディプスの人生は特殊かもしれません。しかし、過酷な運命を生きるオイディプスの気持ちに共感することができます。だからこそ「ああ、なんという悲劇なのか」と胸を打つのでしょう。

のちにフロイトは、多くの人々の心を惹きつけ続けるこの物語から「エディプスコンプレックス」を提唱します。異性の親に対して愛着を持ち、同性の親に対して対抗心を感じる傾向をあらわした精神分析の用語ですね。

このギリシア悲劇の効果の拠り所は、運命と人間の意志との間の対立という点にあるのではない。（中略）彼の運命がわれわれの心に響くのは、それがわれわれ自身の運命であったかもしれないからである。

（『夢解釈』『フロイト全集4』新宮一成／訳　岩波書店）

オイディプスの物語は個人的な特殊なものではなく、普遍的なものだというのです。確かに、子どもが成長する過程で父親（同性の親）は最初の「敵」となる人でしょう。「父殺し」のモチーフは映画「スター・ウォーズ」もそうですし、古今東西の物語に繰り返し出てきます。

こういった時代を超えた普遍性が深みとなっていることがよくわかるのではないでしょうか。

自分だけの名言を見つける

自分が悩んでいるのは辛いものですが、他人の悩みは勉強になります。

文学にはたいがい悩んでいる人が出てきます。登場人物の悩みを知って「自分の悩みはまだ小さいものだ」と感じたり、悩みを乗り越える方法を知ったりすることも多いものです。

先日『YOUは何しに日本へ?』(テレビ東京)という番組を見ていたら、ロシア人の若い女性が日本に来た理由について「太宰治の『人間失格』に影響を受けたから」と話していました。かつて孤独で生きづらさを抱えていた彼女は、『人間失格』に生きる勇気を与えられたそうです。時代も国も超えて、文学が生き方に影響した例ですね。

『人間失格』自体は孤独で辛い小説で、ストレートに生きる希望や勇気が湧いてくるといった種類のものではありません。しかし、いまも多くの若者に人気があります。

主人公の葉蔵は、「人間の営み」がわからず、自分一人が変わっているのではないかという不安と恐怖にさいなまれています。同時に、どうにかして人間らしい人間になりたい、人間を信じたいと思っています。

そんな葉蔵に自分を重ね合わせ、悩みに共感しながら読む人は多いのでしょう。そして、廃人のようになった葉蔵が最後にたどりついた「いまは自分には、幸福も不幸もありません。ただ、一さいは過ぎて行きます」という境地に救いのようなものを感じるかもしれません。

同じ太宰治の『女生徒』という短編小説には、こんな言葉が出てきます。

> 明日もまた、同じ日が来るのだろう。
> 幸福は一生、来ないのだ。それは、わかっている。
> けれども、きっと来る、あすは来る、と信じて寝るのがいいのでしょう。
>
> （「女生徒」『走れメロス』太宰治／著　新潮文庫）

『人間失格』の葉蔵が太宰治自身に近い人物像であるのに対し、こちらは14歳の少女です。それでも本当にこの少女がいるように思えるし、現代の女子高生も言いそうなことが書かれている。太宰治の懐の深さと言葉のうまさがよくわかる作品です。

さて、この女生徒はこの年頃の豊かな感受性で1日を綴っているのですが、その1日の終わりに布団に入る前に考えているのが「あすもまた～」です。「幸福は一生、来ない」というのは悲観的なようでもありますが、幸不幸に一喜一憂せず、ありのままを受け入れて前進する力強さも感じます。

いま、将来にたいした変化を期待できず、同じ日の繰り返しのような毎日に閉塞感を持つ人は多いかもしれません。

日々の小さな幸せを感じないことはないけれど、劇的な変化や絵に描いたような幸福が訪れるとはなかなか思えない。それをいったん受け入れてしまうのです。そのうえで、眠る前には「明日はきっと幸福が来る」と信じてみる。すると、清々しい気持ちで眠りにつくことができるのではないでしょうか。苦しくなったら、この言葉が支えになります。

言葉にはパワーがあります。だから、本を読んでぐっときたらその言葉を自分だけの名言としてとっておく。「マイ名言」は人生のさまざまな局面で助けになります。

だから、そんな「マイ名言」を見つけるつもりで本を読むのもいいでしょう。「これは」という言葉を見つけたら、声に出して読んだり手帳に書き込んだりして、しっかり自分のものにしてください。

人生の機微に触れる名著4

『オイディプス王』　ソポクレス／著　藤沢令夫／訳　岩波文庫

数多くのギリシャ悲劇の中でも最高傑作。多くの人々を惹きつけ続けるこの作品には、無意識のレベルで普遍性があるに違いないと考えたフロイトが「エディプスコンプレックス」を発見、提示。その後の文化・作品に大きく影響するという意味で古典性が増しました。

父殺しと母との再婚という普遍的タブーをそれと知らずに犯したオイディプスが、その真実を自ら暴くところが切ない。運命から逃れようとするほどに、自らの首を絞め、がんじがらめになっていく悲劇は、運命の圧倒的な力と不条理さを突きつけます。

『人間失格』　太宰治／著　新潮文庫ほか

太宰治は日本語がとてもうまく、本をあまり読んだことがない人も、引き込まれてしまいます。そして、人間を深く描いています。太宰の世界に一度はまれば、人間理解が一気に進むと言っても過言ではありません。

自殺の直前に書かれた『人間失格』は、太宰文学の総決算とでも言うべき作品。薄い本ながらものすごく深い。人間の営みから疎外され、人間に恐れをいだくと同時に、人間を愛し、信じたいと願っている主人公葉蔵の中に自分を見る人は現代にも多くいます。普遍的な名作です。古《ふる》屋《や》兎丸《うさまる》さんの漫画版『人間失格』は、イメージがぐいぐい迫ってくる最高のマンガ化です。ぜひご一読を。

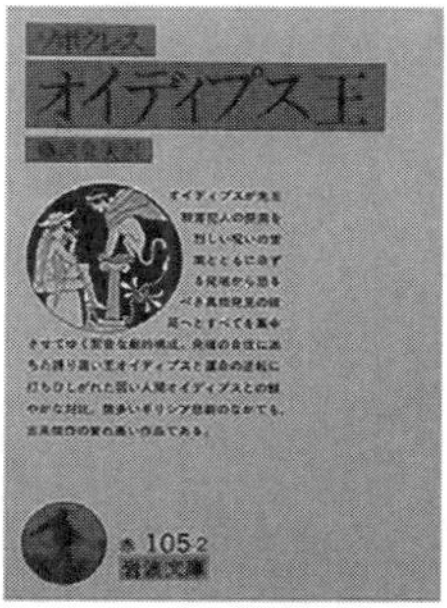

『こころ』　夏目漱石／著　新潮文庫ほか

かつて読んだことのある人も、再読すれば必ずまた発見があります。なおいっそう面白く感じるかもしれない。漱石は登場人物をうまく深く描いていて、普通の人には到達できないレベルの頭を持っていたんだなと感じます。繰り返し読む場合には、何かキーワードを意識して読むのも面白いでしょう。たとえば「血潮」。先生が私に対して「あなたは私の心臓を割って血潮を啜ろうとしている」と言う場面があったり、Kが自殺するときにも血潮が残っています。「こころ」と「血潮」。そうやって読んでみるとまた発見があるはずです。

『銀の匙』　中勘助／著　岩波文庫

明治末期から大正時代にかけて中勘助が書いた自伝的小説であり、素晴らしい文学。NHK「100分de名著」の特別授業を筑波大附属中学校の生徒たちと一緒に行なった際、私が取り上げたのはこれです。中勘助が子どもの頃の話ですから明治時代のことですが、五感を使ってリアルに描いてあるのでイメージが広がります。心の揺れ動きの描写も丁寧で細やか。自分の子ども時代の体験と重ね合わせながら読んでいると、さまざまな感覚が蘇ってきます。独特の感性、優れた言語感覚で表現されている文章もじっくり味わってほしい。

第6章

人生を深める本の読み方

勝ち負けよりも生き方

私たちはアメリカ式の資本主義に慣れてしまっているので、「成功したい」という欲求を自然のように感じています。でも、文学の世界に浸ってみると、成功や勝ち負けなんてどうでもいい、というか、意味がわからないという感覚になるはずです。

文学とは経済的成功や勝ち負けとは違う次元で成立しているものだからです。「生きる」ことの意味の深さを何とかつかまえようとしている、そういう営みなのです。

太宰治は素晴らしい短編小説をいくつも書いていますが、その中で『眉山《びざん》』は私がとくに好きなもののひとつです。

「眉山」は、ある飲み屋で働く娘さんにつけられたあだ名です。語り手である僕と仲間たちは、その飲み屋の常連ですが、しょっちゅう「眉山」の陰口を言っている。

幼少の頃からメシより小説が好きだという「眉山」は、小説家である僕と仲間たちに何かと絡んでくるのです。

しかも、この娘さんはピント外れの発言も多い。文士たちは、「眉山がいるから行きつけを変えよう」と言いつつ、やはり同じ飲み屋に通っていたのですが、あるとき、僕は「眉山」が実は重い病気にかかっており、飲み屋をやめて実家に戻ったことを知ります。もう長くないだろうというのです。

これまでさんざん無知だのうるさいのと言ってきた僕の口をついて出たのは「いい子でしたがね」という言葉でした。小説の話を聞きたかったんだな、一生懸命給仕してくれたなと口々に言います。そして、その日以降、その飲み屋には行かなくなった……という話です。

「眉山」の人生には、経済的成功や勝ち負けといった価値観は出てきません。そして、「ああ、こういう人生の深みがあるのだよなぁ」と胸を打つのです。誰が勝ち組で誰が負け組かという話をしたことがあるとすれば、それがいかに下品なことだったかと恥じ入るのではないでしょうか。

「勝ち組、負け組」という言葉は、10年ほど前はよく使われていました。当時はそれなりにリアリティのある言葉だったのかもしれません。しかし、流行当時であっても、文学に親しんでいる人であればそんな言葉を使うのはためらったはずです。

たとえ頭が良くて仕事で成功をおさめていたとしても、そういった浅い言葉をバンバン使う人は「残念な人」という感じがします。教養に欠けていると疑わざるをえない。これは重要な視点です。お金を持っている人が偉いとか立派だというわけではないからです。資本主義のゲームに勝つのはうまいかもしれませんが、それが偉いわけではないでしょう。あえて勝たない道だってあります。

人が生きる意味を問いながら、その深みを掘っていくのが人生の醍醐味です。生きていくうえで経済は重要ではありますが、当然ながらそれだけではありません。

聖書には「人はパンのみにて生くるものにあらず」という有名な言葉があります。物質的な満足だけで生きているのではないということです。では何が必要なのか。人生の意味によって生きるのです。意味を捉えようとする力を読書によって育むと、いろいろなものの深さがわかるようになってきます。

生きるとは何か？　ドストエフスキーやフランクルが出した答え

人生の意味を捉えようとすることからさらに深まっていくと、生きていることとそのものの価値をしみじみと感じるようになります。「自分にとって、人生の意味とは何か」「何を価値とするか」を考えるのはとても意義深いことですが、同時に、それを超えて「人生そのもの」が意味であり価値であると感じられるのです。

『カラマーゾフの兄弟』の中にも「人生の意味より、人生そのものを愛せ」という言葉が出てきます。何よりもまず、人生を愛すること。そうしてはじめて、意味も理解できると言います。

また、心理学者ヴィクトール・E・フランクルが強制収容所での体験を振り返って綴った『夜と霧』には、「私たちが生きることからなにを期待するかではなく、むしろひたすら、生きることがわたしたちからなにを期待しているかが問題なのだ」といった言葉が出てきます。

私たちは「生きる意味」が実態として存在しており、それを探すようなことをしてしまいがちですが、それではダメだとフランクルは言っています。逆に自分自身が問いかけられている対象なのだと気づかなければなりません。

精神的にも肉体的にも、想像を絶するような極限状態の中で、「生きていることに何も期待が持てない」と絶望してしまうのは想像に難くありません。しかし、そのような状況でもサバイブできるのは「愛する者が自分を待っている」「大切な仕事が自分を待っている」と思える人たちでした。

フランクル自身も、ここから生還して、妻と再び暮らし、強制収容所の心理学について講演をするのだと考えていました。それぞれにかけがえのないものがあったのです。

このひとりひとりの人間にそなわっているかけがえのなさは、意識されたとたん、人間が生きるということ、生きつづけるということにたいして担っている責任の重さを、そっくりと、まざまざと気づかせる。自分を待っている仕事や愛する人間にたいする責任を自覚した人間は、生きることから降りられない。まさに、自分が「なぜ」存在するかを知っているので、ほとんどあらゆる「どのように」にも耐えられるのだ。

（『夜と霧』ヴィクトール・E・フランクル／著　池田香代子／訳　みすず書房）

日本人は経済大国で暮らしながらも幸福度が低いと言われます。人と比べて自分の能力が劣っているとか年収が低い、というように他人と比べて自己評価を下げてしまい、その結果、幸福感を感じにくい。しかし、文学を読むと幸福そのものに対する認識が変わってきます。「自分が幸せになりたい」と思うのは決して悪いことではありませんが、それだけでは浅い考え方だという気がしてくるはずです。

東洋のアイデンティティにつながる

本書をお読みの人は日本人の方が多いと思うのですが、「私は日本人だ」と言う人も「私は東洋人である」とはあまり言いません。東洋人かと聞かれれば、「まぁ、そうだ」と答えるでしょうが、わざわざ思わない。なぜなら、東洋の古典にも、東洋の精神文化にもなじんでいないからです。

仏教、ヨガ、瞑想などなじみはあっても、本質的な部分には触れていない場合、「自分は東洋人だ」というアイデンティティは持ちにくい。「きれいになるヨガ」だったり「仕事の能率がアップする瞑想」のように言われて、ようやく取り入れるようなありさまです。これに私は大きな違和感があります。

最近注目を浴びている「マインドフルネス瞑想」は、本来の瞑想からヒントを得てそこから宗教色を取り除いたものです。集中力やクリエイティブな発想力向上のためのトレーニングとしてアメリカでブームになりました。有名企業の社員研修やビジネススクールでも行なわれ、ビジネス上成果を生み出していると言われています。

もちろん瞑想のいい部分を取り入れること自体は悪いことではないのですが、もともとインドで到達した精神世界の深みが、アメリカでツールとして変質してからようやく日本に入って定着しつつあるというのが情けないような気がします。東洋の精神文化になじんでいれば、こういった流れには違和感があるはずなのです。

これはアイデンティティの問題にもつながる話です。東洋の精神文化と自分自身が切り離されているとすれば、アイデンティティも確立しにくいでしょう。自分は何者なのか、どこから来たのか。それがまったくわからないと人は大きな不安を抱えたり、困難に立ち向かう力が湧きづらかったりします。

逆に言うと、インドや中国を含めた4000年もの歴史に流れる精神文化とつながることができると、強くなれるのです。東洋の精神文化をつくってきたブッダや孔子といった偉大な人を味方につけるようなものです。

東洋の古典と言えばまずは『論語』です。東アジア文化圏の歴史の中では、論語は一つの前提とでも言うべきものです。日本でも、江戸時代はとくに儒教が知的教養生活の中心であり、倫理観のもとになっていました。そう考えると、『論語』を読んだことのない、孔子の言葉を知らない東洋人はいるのだろうかという気がしてきます。

孔子を始祖とする儒教と対をなすような思想が老荘思想です。孔子は人間関係や仕事を含め、現実の人生をいかに処すかを重視していました。そういった現実主義的な思想を批判し、「無為自然」を説いたのが老荘思想です。

人間は大いなる自然の一部なのだから、人為的なものから離れて何事もなさずに自然のままにするのがよいという考え方です。これは「禅」や「浄土」という日本仏教にも大きく影響を与えていますし、広く東洋人の心に入り込んでいます。「井の中の蛙大海を知らず」という有名な故事成語は荘子の言葉です。

仏教も東洋の精神文化をつくってきた大きな柱ですから、仏典も必読の古典です。そのものでなくても「ブッダの言葉」といったような本は多く出ています。少なくともそれを読んだことがあれば、東洋人のアイデンティティと自分を重ねることができるでしょう。

せっかく東洋に生まれたのです。東洋思想にきちんと触れないまま、表層的な部分だけ触れるというのではもったいない。自分のルーツを探る旅のような気分で、読書してみてほしいと思います。

一度きりの人生をいかに豊かにするか

人間、「人生は一度きり」で、当然ながら他の人の人生を生きることはできません。

自分一人の経験には限りがあります。

経験が少ないほど、「想像の及ばない」物事が多くなるもの。自分と環境がまったく違う他人の気持ちを想像するのも難しくなります。

しかし、本を通じて他人の人生を追体験することはできます。別の時代を生きた人、他の国を生きた人の人生も、臨場感を持って知ることができるのです。

これはとても重要なことです。他人の気持ちを想像して感情移入し、受け入れる経験となるからです。

人が人と関わりながら生きていくうえでは、他人の気持ちを理解して認め、受け入れることが必要とされます。それによって、自分自身が成長するし、人生を豊かにしていけるのです。

『ある明治人の記録』は、幕末の激動の時代を生きた会津藩士、柴五郎の少年時代からの記録です。柴五郎はのちに陸軍大将となった人です。中国の「義和団事件」では駐在武官として活躍し、世界の称賛を浴びました。「タイムズ」にもその活躍が紹介されたことから、欧米で広く名前が知られた最初の日本人と言われています。

その柴五郎の、苦難の少年時代。『ある明治人の記録』に書かれているのは、幕末・明治維新のいわば「黒歴史」です。勝者側から描いた歴史とは違う現実です。

朝敵の汚名を着せられた会津藩は、薩長軍に攻められます。五郎が11歳のとき、いよいよ戦いのために父兄はみんな城へ向かいました。家に残った男はまだ幼い五郎のみ。親戚に誘われ、泊まりがけで外に出ることになります。実はこのあと、祖母、母、姉妹は自刃するのです。

これ永遠の別離とは露知らず、門前に送り出たる祖母、母に一礼をして、いそいそと立ち去りたり。ああ思わざりき、祖母、母、姉妹、これが今生の別れなりと知りて余を送りしとは。

（中略）

わずか七歳の幼き妹まで懐剣を持ちて自害の時を待ちおりしとは、いかに余が幼かりしとはいえ不敏にして知らず。まことに慙愧《ざんき》にたえず、想いおこして苦しきことかぎりなし。

（『ある明治人の記録　会津人柴五郎の遺書』石光真人／編著　中公新書）

どんなに悔しく辛い気持ちだったことでしょう。文章の端々から、このときの記憶を背負って生きる辛さがひしひしと伝わってきます。こんなにすさまじい時代、すさまじい人生が現実にあったのです。

文章にもとても力がありますから、ぜひ音読してみてほしいと思います。私はこの本を音読すると、涙が流れてしまいます。

人生を、自分だけで豊かに感じるのは実は難しいことです。自分がいまここに存在するのは、これまでの歴史の中でさまざまな人が生きてきたからです。そんなさまざまな人生を知って、「人生そのものの豊かさ」を感じられるようになるはずです。

人生を深める名著6

『マクベス』　シェイクスピア／著　福田恆存／訳　新潮文庫

深い名言にあふれ、息もつかせぬ緊迫感で最後まで読ませる不朽の名作。スコットランド武将のマクベスが、王になりたいという野心と王への忠誠で揺れ動いていたとき、夫人は激しい言葉でたきつけます。

「腰ぐだけ、そうして一生をだらだらとお過ごしになるおつもり?」。いったん誓ったからには乳飲み子の「脳みそを抉りだしても見せましょう」という夫人のインパクトは強烈で魅力的。このシーンを音読すると盛り上がります。ぜひ役者気分で音読し、味わってください。

『ドン・キホーテ』　セルバンテス／著　牛島信明／訳　岩波文庫

タイトルは超有名ながら、読破した人は少ない名作です。6分冊でも長くて大変なんていうことはまったくありません。読み終わるのが惜しくて、もっとゆっくり読みたいと思うくらいです。

　近代小説の祖と言われるこの作品、主人公は、騎士道物語を読みすぎて自分を騎士だと思い込んでいる男。ドン・キホーテの意識と、周囲の人たちとの「意識のずれ」による摩擦が推進力となってどんどん物語が展開します。ドン・キホーテとサンチョ・パンサのコンビは最高。ボケとツッコミの究極の形であり、人に危害を加えず、むしろ喜びを与える「あこがれ名人」と、それを生かす友なのです。

『金閣寺』　三島由紀夫／著　新潮文庫ほか

１９５０年の金閣寺放火事件を題材として、三島由紀夫が書いた傑作文学。主人公は引っ込み思案で吃音があり、コンプレックスを抱えた青年僧。金閣寺の美に魅せられ、葛藤の末、美への復讐と独占のために火を放つまでの心象を告白の形で描いています。

言葉の問題や美について、アンビバレントな感情などを深く描かれていて、とても面白い。私は学生たちにこの作品を音読してもらうことがありますが、読み終わった人は「三島由紀夫は天才だ！」と言う人も多いです。戦争でも焼かれなかった金閣寺が放火で焼けたというとんでもない事件も、この作品によって生きたと思うとさらに面白い。

『東京オリンピック』　講談社／編　講談社文芸文庫

１９６４年の東京オリンピック。三島由紀夫、大江健三郎、井上靖、遠藤周作、小林秀雄など名だたる文学者たちがこの世紀の祭典のシーンを切り取り、文章で表現しています。

たとえば「白い抒情詩」と題し、女子百メートル背泳を描く三島由紀夫。４位に終わった田中選手が、競技後コースに戻りのびやかに泳いでいる姿を素晴らしくぜいたくな「孤独」として書く。「この孤独は全く彼女一人のもので、もうだれの重荷もその肩にはかかっていない」。この文章がなければ、誰の記憶にも残らなかったようなシーンが鮮やかに浮かび上がるのです。たった2ページほどの文章でも、圧倒されるほど芸術的。

『詩のこころを読む』　茨木のり子／著　岩波ジュニア新書

著者は「倚りかからず」や「自分の感受性くらい」という詩が有名な、詩人茨木のり子さん。この本では、茨木さんが好きな詩をセレクトし、その魅力を情熱を込めて語っています。たとえば谷川俊太郎の「かなしみ」、中原中也「羊の歌」。茨木さんの豊かな感性と凛としたやさしい言葉で語られる、珠玉の詩。ジュニア新書なので入門書としてとても読みやすく、詩人と詩の背景も教えてくれます。気に入ったものはぜひ声に出して読んでみてください。

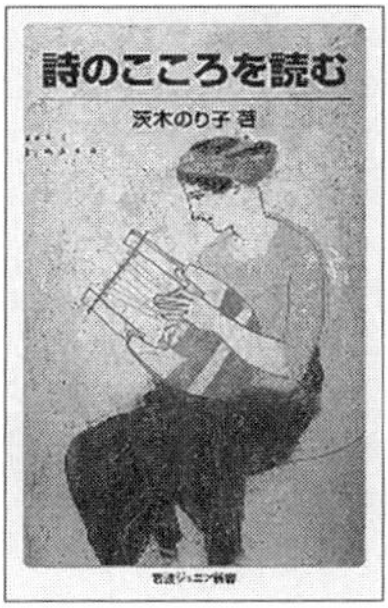

『辞世の歌』　松村雄二／著　和歌文学会／監修　笠間書院

「コレクション日本歌人選」というシリーズの中で、歌になじみのない人も手に取りやすく、ぐっとくるのがこれ。豊臣秀吉、千利休、十返舎一九、吉田松陰など歴史上の人物たちの「辞世の歌」を集めた本です。この世に別れを告げる際に、心のありようを歌に詠む「辞世の歌（句）」は、日本独特の文化。短い言葉の中に、たとえようのない奥深さを感じます。

この本は解説もしっかりしていて、日本人が死とどう向き合ってきたかが描かれています。多くの辞世の歌を眺めていると、日本人の精神史が読み取れる感じがします。

第7章

難しい本の読み方

あえて本物を選ぼう

本だけでなく映画、漫画、絵画、音楽などそれぞれに名作と言われるものがあります。一流のものにはとてつもないパワーがあります。

ヴィヴァルディの「四季」はクラシックファンならずとも聴いたことがある曲だと思います。春夏秋冬の４つの楽曲からなるこの「四季」が世に出たのは１７２５年。18世紀末から19世紀末まで１００年ほどは忘れられていたのですが、１９４９年に楽譜が再発見され出版されます。日本では、イタリアの室内楽団「イ・ムジチ合奏団」が演奏したことで人気に火がつきました。そしてクラシックで最も人気のある曲の一つとなったのです。

「春」が有名ですが、テレビ東京の全仏オープンでは「夏」が使われています。スピード感がありドラマチックなヴァイオリンの旋律を聴くと、あの赤土の激しい戦いが脳裏に蘇ってきます。

あらためて聴いてみると、現代にも常に通用するようなその作曲のレベルに驚嘆せずにはいられません。ああ、音楽でこんな深みが表現できるのか。季節をこんなふうに表現できるのか。私は作曲家ではなく、演奏家ですらないけれども、良さだけはわかります。この世に生まれて、この時代に生まれて、ヴィヴァルディに出合えて良かったと思うわけです。

モーツァルトやバッハにしても、これら偉大な作曲家の作品に触れることができて良かったと思う人はたくさんいることでしょう。一流の作品は大きな感動を与えてくれます。

そして、この偉大な作曲家の他の作品も全部聴いてみたいと思ったとき、作品の多さにもまた圧倒されます。ヴィヴァルディは５００曲を超える協奏曲のほか、オペラやソナタ、室内楽曲など多岐にわたって作曲をしており、主要作品集だけでCDが40枚あったりします。モーツァルトの全集はCD１７０枚組です。全部聴くには相当な時間や集中力が要ります。

文学の場合も、偉大な作家の全集はさまざま出ています。それらを全部読もうとしたら大変です。「うわぁ、こんなに読めるだろうか」と立ち尽くすような感じになると思うのです。

丸善などの大型書店に行ったとき、「こんなに読むべき本がある！」とワクワクするか、はたまた「自分にはとても読み切れない」と恐怖のようなものを感じるか。後者だったら、梶井基次郎の『檸檬《れもん》』のように檸檬爆弾でも置いてしまいたくなるかもしれません。この世を過ごすうえで、深くてすごいものに出合うだけでも、もう時間がないと気づきます。薄っぺらい、浅いものに付き合っていられないわけです。

できるだけ一流のものに触れたいというとき、「古典」ならほぼ間違いありません。単に古いものということではなく、時代を超えて多くの人に愛されてきたもの。歴史の中で評価され、現在もその価値を失わないもの。時の流れの試練に耐えて残ってきたものには、それだけのパワーがあるのです。

本を読むのに才能はいらない

一流の本を書くには才能が必要になるでしょうが、本を読むのには才能は必要ありません。すでにお話ししたように、本来誰もが知的好奇心を持っています。子どもはみんな本が好きです。それが成長とともに本から離れてしまっているだけで、ポテンシャルは持っています。

一度読書の習慣がつけば、どんどんラクに本が読めるようになります。そして思考も知識も人格も深めていくことができるのです。

百人一首に「あひ見ての　のちの心に　くらぶれば　昔はものを　思はざりけり（あなたと逢瀬を遂げたあとの、いまのこの切ない気持ちに比べれば、昔は物思いなどしていないのと同じだったのだなあ）」（権中納言敦忠）という歌がありますが、これになぞらえれば、「本を読みはじめたいまとなってみれば、昔はものを思わざりけり」という気分です。

ついでに言うと、お金もあまり必要ありません。昔は本1冊手に入れるのにも大変だった時代がありました。『福翁自伝』には、福沢諭吉が高価でとても買えないオランダ語の本を人から借りて、夜も寝ないで書き写したというエピソードがあります。博物学者の南方熊楠は、蔵書の多い人の家を訪ねては本を読んで記憶し、帰ってから書き写したそうです。

今はそんなことをしなくても、安く簡単に手に入ります。本を読むのにほとんどお金がいらない時代になったと言っても過言ではありません。

私はiPad Proで電子書籍を読むことも多いのですが、「キンドルアンリミテッド」というサービスを使えば月額1000円程度で10万冊以上(和書)に及ぶ対象本が読み放題です。

これはもう、タダみたいなもの。ちょっとでも気になったらとりあえず読んでみよう、と読みはじめることができます。すると、ふだん買わないような本も、知らない作家もどんどん広げていける。惜しげなくぱっぱっと読んでいけるので、速読が苦手な人もすばやく読めるのではないでしょうか。漫画を含め、私は1日10冊くらいこなすときもあります。

キンドルに限らず、最近はこういった「読み放題サービス」も増えています。紙の本でも中古で安く手に入れる方法はありますし、昔ながらの図書館を活用することもできます。

たとえ「買ったものの読まなかった」という本が増えても、ホモ・サピエンスとしての誇りを傷つけていないということで、それはかまわないことにしましょう。買ったものの履かなかった靴、買ったものの使わなかったダイエット器具よりましです。

集中力を鍛えるには、まずレベルの高い本から

読書は集中力の訓練になります。まとまった量の文字を読んで、内容を理解するには集中力が必要です。集中力がなくなってくると、字面を追っても内容が全然頭に入ってこないですよね。読書慣れしていない人は、集中力を持続させるのが難しく、「面倒くさい」と感じる。

だから、あまり一生懸命読みこまなくてもいいような軽い本を求めます。古典の名著をあらすじで理解する本のように、かみくだいて簡単にしたものが売れるのです。

そのままの状態だと固くて咀嚼力が必要だけれど、最初からやわらかくしてあれば読める、というわけです。

当然ながら、やわらかいものばかり食べていればアゴの力はつきません。誰かにかみくだいてもらわなければいけなくなってしまいます。それでは一流のものを本当に味わうことは難しいでしょう。

逆に言うと、一度頑張ってアゴの力をつけてしまえば、あとは楽に読めるようになります。

ですから、最初にむしろレベルの高い本を勢いにまかせて読んでしまうことをおすすめします。最初は理解できない箇所もあり、先に進むのが苦痛で逃げ出したくなるかもしれません。それでもとにかく最後まで読み切ってしまう。

わからない言葉を調べたり、キーワードや登場人物の相関図を書き出して整理する必要がある場合もあるかもしれません。そうして少し努力しつつ、最後まで読み通すことができれば自信がつきます。

自信がつくと、次も読めます。さらに次もと、どんどん読めるようになります。「あの本に比べれば簡単だ」「すぐに読めそうだ」と感じるでしょう。

逃げ出さずに本と向き合い、読み続けることで集中力が鍛えられれば、他の趣味にも勉強にも仕事にも良い効果があります。「やりたいことはあるのに、なかなかできない」という場合、集中力がかかわっていることが多いもの。一つひとつ集中して取り組むことができれば、短時間で目標を達成することができ、その結果余暇も増えます。時間が増えて、やりたいことがもっとできるのです。

私が大学で教えるほかに、テレビでの仕事、書籍の執筆をしながら、毎日大量に本を読み、漫画を読んでテレビを見て映画を見ているというと、「どこにそんな時間が？」と驚かれるのですが、これも読書で培った集中力の賜物と言えるでしょう。

クライマックスは登場人物になりきる

最初に本格的な本を読んで自信をつけることをおすすめしますが、「そうは言っても……」と尻込みする人はいると思います。

「世界文学をあらすじで読む」といった本で何とかならないだろうか。一応、教養らしいものは身につくのでは？と思うかもしれません。確かにこういった本は短時間で、とりあえずどんな話なのかわかりますから便利ですね。

ただ、文学のすごさはあらすじにあるわけではありません。あらすじは、「知らないよりは知っているほうがいい」という程度のもの。難解な本をぶっつけ本番で読むよりは、最初にあらすじを理解しておくと読みやすくはなります。そういう意味では活用できますが、あらすじだけでは体験としての読書にはならないのです。

そこで私がおすすめしたいのは、「クライマックスだけでも音読する」ことです。あらすじを知ったうえで、重要なシーンを声に出して読むのです。

そうすると、かなり読書体験に近づきます。大学生や小学生に、名場面の数ページ分でも音読してもらうと「音読してみてはじめてすごさがわかった」と言います。多少言葉が難しくても、そこに込められた本質に触れる体験となります。

一流の文学というものは、原文にとんでもない力があります。翻訳でも、あらすじとは違うパワーがあります。音読をすると、言葉がすごい迫力で身に迫ってきます。字面ではなく、身体全体でワールドを味わう感覚です。著者や登場人物になりきって読んでみると、黙読ではいまいちつかめなかった心情や行間の意味もわかることがあります。

また、偉大な著者の肉声が、自分の体を通して聞こえてくるような感じがします。聞こえてくるのは自分の声ですが、言葉に尋常でないエネルギーが込められているので、あたかも著者が目の前にいて語りかけてくるかのようです。

より深く味わうには、大げさに演劇的に音読することです。演技がうまくなくてもいいので、著者や登場人物になりきる。その気になることが大切です。真似ることが学びの基本。真似て読むことで深い学びも得られます。

本・ドラマ・映画・コミックをグルグル回す

『源氏物語』は、一部であれば誰もが読んだことがあるでしょう。間違いなく日本の最高の文学の一つであり、国語の教科書には必ず載っています。

しかし全編を読み通すのは、なかなか大変なものです。

その源氏物語を漫画化し、累計売上が1700万部を超えているというのが、大和《やまと》和紀《わき》さんの『あさきゆめみし』です。源氏物語そのものを読んだことがある人は少ないかもしれませんが、『あさきゆめみし』はそれだけ多くの人に読まれ、愛されているのです。これは素晴らしいことです。作品のクオリティも高く、源氏物語の良さを十分に感じとることができます。漫画であっても、良いものなら読んで得るものは非常に大きいのです。

『源氏物語』に限らず、名作だけれどもとっつきにくい作品の多くは漫画化されています。ドストエフスキーの『カラマーゾフの兄弟』や『罪と罰』も漫画で読むことができます。文字で読む体験とは違ったものになりますが、とっかかりとしてはとてもいいでしょう。

漫画でその世界に親しんでいれば、スムーズに入っていくことができます。好きな場面だけでも、文章を音読してみようという気になるかもしれません。

私は漫画も大好きでたくさん読みます。

本か漫画か、ということではありません。orではなく、andです。本も漫画も読めばいい。読書量が多い人は漫画も大量に読んでいる傾向にあります。本を読める人は集中力が続くので、漫画も大量に読むことができるのです。

本が一つのワールドをつくっているのと同じように、漫画も映画やドラマもそれぞれのワールドがあります。すべて違った特質を持っています。ですから、それをすべて楽しめばよいと思います。

私は小説が映画化されれば観に行きますし、映画で観たものの原作を読むこともします。漫画が原作でドラマ化されるケースも多いですね。私はどちらも見て「なるほど、この漫画がこうやってドラマになるのだな」「この難しいシーンをこうやって撮るのだな」などと感慨を覚えています。

本、漫画、ドラマ、映画にそれぞれ入り込みつつ、グルグル回して深めていくのです。

古屋兎丸さんによる『帝一の國』（集英社）という非常に面白い漫画があります。「総理大臣になって自分の国をつくる」という野望を持った主人公の赤場帝一が、超名門高校の生徒会長選挙に命をかけるという学園コメディーです。この漫画が持つ独特な世界観を壊すことなく映画化（２０１７年4月公開　監督：永井聡）されたものを見て、「うまく映画化したものだなぁ」と感心しました。

兎丸さんは太宰治の『人間失格』を漫画にもしています。主人公の葉蔵の心の動きが精緻に描かれており、素晴らしい作品です。この漫画を読んで、あらためて小説を読むといっそうわかる、という相乗効果があるかもしれません。

ちなみに兎丸さんにはお会いしてお話を伺ったことがあるのですが、１日中立って漫画を描かれているそうで驚きました。10時間以上立ったままの姿勢であの緻密な作品を生み出しているのです。「普通の人間ではないな」という感想を持ちました。

本もそうですが、漫画は漫画家さんが一人でワールドをつくってしまうすごさがあります。長時間かけて孤独にペンを動かし、ワールドをつくり出している。その孤独感を、漫画を読む自分が共有できるような、そんな良さが感じられます。

「わからない」ところがあっていい

よくわからない物事をわかりやすく解説してくれている情報系の本は、「そういうことだったのか！」というすっきり感を与えてくれます。テーマを絞って内容をコンパクトにまとめてくれている新書などは、「すっきりする読書」にとてもいいですね。難易度はさまざまですが、基本的に論旨ははっきりしていますし、「なるほどなるほど」と頷きながら読み進められます。速読が向いているのはこういったタイプの本です。

また、謎解きを主とした推理小説は、複雑な謎が解かれたときに「そういうことだったのか！」とすっきりし、面白く感じます。

このすっきり感は読書の楽しみの一つです。

一方、もやもやする読書というのもあります。いろいろな意味にとることができて、解釈が人によって違うような本もありますよね。あるいは、いまの自分にとって難解な部分、理解しがたい部分があってもやもやするような本です。

たとえばニーチェの『ツァラトゥストラかく語りき』を読むと、よくわからない部分もあると思います。それは、いまの自分にはまだわからないということで、まったくワケがわからないというのとは違うでしょう。わかる部分から推し量るに、これはきっと深いことなのだろうと感じるはずです。まだまだ深さに先があるということです。

しばらくたって読み返すと、かつてはわからなかった部分が理解できたり納得できたりする。いい作品には、そういう深みがあります。読むたびに発見があるものです。よくわからないけれど心にひっかかり続けていて、あるときふと「そういう意味だったのか」と気づくこともあります。

もやもや感も読書の楽しみです。わからない部分があってかまわないのです。

古典で楽しむ「名言ピックアップ読み」

To be, or not to be: that is the question.（生きるべきか死ぬべきか。それが問題だ）

これは『ハムレット』の中に出てくる有名な言葉です。ハムレットを知らない人も、この言葉は聞いたことがあるでしょう。

古典的名著には必ず有名な言葉があります。その言葉を見つけながら読もうとする「ピックアップ読み」なら、古典も怖るるに足りず。断片的ではありますが、その断片に古典の精神が宿っています。「全部読まなくては」という強迫観念で古典から遠ざかってしまうよりも、力まずに古典に親しみ、その精神に触れることが大切です。「あ、ここに書いてある。なるほど、こういう流れで出てきたのだな」。見つけたらその言葉をぐるぐる囲ったりして、存在感を増しておく。自分の持っている本に、あの有名な言葉が書かれているという認識が強まって、「読んだ感」が出ます。名言を引用するときも、堂々とできるでしょう。

『論語』にはたくさん有名な言葉がありますが、たとえば「子曰く、学びて思わざれば則ち罔《くら》し。思いて学ばざれば即ち殆《あやう》し」「過ぎたるは猶《なお》及ばざるが如し」「義を見てせざるは勇無きなり」など。

そうやって3つでも名言を見つけることができればよしとする。全部を読まなくても、その名言が自分のものとなります。生かすことができるのです。そもそもどんな名言があるのかわからない場合は、まず解説書をざっと読んでおきましょう。

「ピックアップ読み」は、洋書を読みたいときにも役立ちます。日本語に訳されている本をまず1章分でいいのでざっと読んで、面白いと思った箇所に線を引いておきます。赤、青、緑のように3色くらいあったほうが見つけやすいのでいいでしょう。

そして、その線を引いた箇所を洋書の中に探します。該当する文を見つけたら、同じ色で線を引きます。全然見つけられない場合は、その言語はまだ本を読む域に達していないのかもしれません。多少わかるようなら、「ああ、これがあの言葉だ！」と見つけられるはずです。それを1章ごとに繰り返します。

するともう、線を引っ張ってある洋書が手元にあることになる。「読んだ感」があるし、かっこいいですね。どんどん洋書売り場に行って、かっこつけてください。

「この本を読んだ自分、かっこいい」と思うのも、読書の習慣化に大事なことです。洋書や古典、新書を待ち合わせの時間にでもさっと開いて読む。ピックアップしたところを読み直すのでもいい。あるいはカフェでゆったりと読書。そんな人ってかっこいい、本はモテの必須アイテム。出版文化の明るい未来を願う者としては、そうなってくれたらいいと思う次第です。

「どっぷり読書」と「批判的読書」

読書は、本の書き手や登場人物のワールドが自分の中に根づくことで、人生を豊かにしていくことができるものです。読書でワールドを増やしていけるのです。

一方で、他者が自分の中に入り込む怖さもあります。自分よりはるかに思考力がある人の考えを読み、その人が深く入り込んできたら……。自分がなくなってしまうくらい影響を受けるかもしれません。読み方を間違えれば危険でもあるのです。

いま名著として読み継がれている本も、歴史の中では禁書として出版を禁止されていたことがあるという例は数多くあります。秦の始皇帝などは儒教が国を治めるのに邪魔だということで、書物は焼き払い、批判的な儒学者を生き埋めにしてしまいました。「焚書坑儒」というものです。それだけ本には恐るべきパワーがあるのです。

本を1冊読むのにはある程度時間がかかります。その時間をかけて、自分の頭の中に著者が語り続けるわけです。本のワールドに没入しているときは、自分と著者とが区別できないような状態になります。言葉を使っているというのもポイントで、著者の思考をなぞることができてしまう。それだけ深いレベルで影響を受けやすいのです。

そう考えると、場合によっては「批判的に読む」ことも必要でしょう。

ただ注意したいのは、何でも批判的に、ナナメに読めば思考力が深まるわけではないということです。著者の思考、世界観をいったんはそのまま受け入れるほうが得るものは大きいはずです。

「どっぷり読書」も、それはそれでいいものです。その世界にどっぷりはまることで、思考が深まる面もあります。そのうえで批判的に読む。ちょっと離れたところから見るような感じです。この視点は、さまざまな本を読んでいるうちに自然と身につくものでもあります。

一人の作家に入れ込んで、その作家のものばかり読んでいると、どうしても視点が偏りがちになります。その作家しか受けつけない、というのではやはり思考も深まりません。違うタイプの作家のものを読んだり、違うジャンルの本を読んでいると、同時にいくつかの視点を持てるようになります。バランスがとれるようになるのです。

そうしたバランスのとれた視点が身についていると、どっぷりひたりながらも批判的に読む、ということができるようになります。

私は若い人にもよく愛読書を聞くことがあります。「ヒトラーの『我が闘争』です」という答えだったときは、「うーん、そうですか……」と言葉に詰まってしまいました。確かに名著の一つではありますが、たくさんある中であえてそれを選ぶというのは、偏りを感じずにいられません。

難しくても挑戦したい不朽の名著10

『謹訳　源氏物語』　紫式部／著　林望／現代語訳　祥伝社

日本文学の最高峰。原文は手ごわいので、まずは読みやすい現代語訳で物語を楽しみ、それから原文を味わうのがおすすめ。この本は国文学者で作家の林望さんが正確にかつセンスよく現代語訳したものです。

これなら全巻読破できるはずですが、それでも挫折しそうという人は「若菜」（第6巻）から読んでみてください。「若菜」は近代小説に近く、登場人物たちの心理が絶妙に描写されています。源氏は40歳ほど。これまで華やかだった、千年に一度のモテ男源氏に因果応報、苦悩の大劇場です。大塚ひかりさんの、ちくま文庫版も大変楽しく読みやすい訳です。

『論語物語』　下村湖人／著　講談社学術文庫

小説家である下村湖人が、『論語』の章句を使って、孔子と弟子たちの物語として構成した本。『論語』そのままでは孔子という人をリアルに想像するのはひょっとしたら難しいかもしれません。でも、ストーリーとして読むと孔子の人格がはっきり浮かび上がってきます。弟子たちのキャラクターもよくわかり、面白い。

あわせて読んでもらいたいのが中島敦の短編小説『弟子』。孔子の弟子となった子路の人生と、単純で遠慮のない子路に困らせられながらも愛した孔子との関係が情感豊かに描かれています。

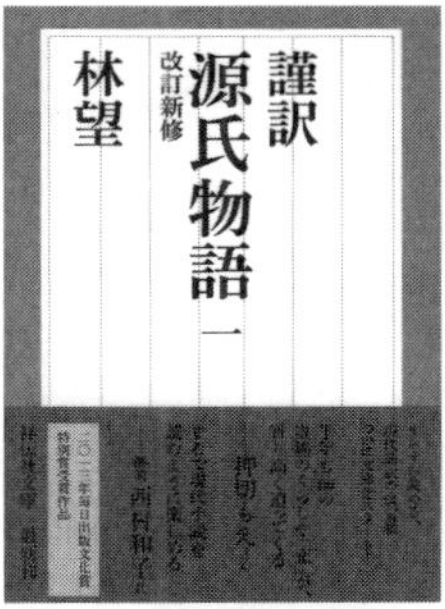

『論語と算盤』　渋沢栄一／著　角川ソフィア文庫

渋沢栄一は国立銀行ほか500以上の企業の設立に関わり、「日本資本主義の父」と呼ばれた大実業家です。その渋沢栄一が座右の書としていたのが『論語』。「私は論語で一生を貫いてみせる」と、経済とかけ離れていると一般には思われていた『論語』を商業・実業に生かし、『論語』の言葉を信念として活用しました。古典を自分に引きつけて考え、人生に生かした見事な例です。

日本の実業家として大成功をおさめた渋沢栄一のバックボーンを知ることができるのも有益。

『マンガ　老荘三〇〇〇年の知恵』　蔡志忠／作画　和田武司／訳　野末陳平／監修　講談社＋α文庫

人間の実社会での生き方を説いている孔子の教えとは対照的に、「無為自然」を説いた老荘思想もおさえておきたい。この本は『老子』『荘子』を現代語訳し、漫画で紹介したもの。世界で翻訳されています。日本人にとってはなじみやすい思想ですが、原文はやはりハイレベルなので最初に読むのにおすすめです。

「大器晩成」「無用の用」などよく知る言葉も実は老荘の言葉。「道（タオ）」など難しい概念もありますが、必死になって読むのでなく肩の力を抜いて味わいつつ読んでください。

『口語訳　古事記［完全版］』三浦佑之／訳・注釈　文藝春秋

8世紀初頭に書かれた、日本最古の歴史書（異説もありますが）であり文学『古事記』。『日本書紀』と同じく天武天皇の命で編纂され、天皇家の支配の正当性を示す目的がありました。ところが、『日本書紀』と違って天皇家を称揚しているわけではなく、むしろ疑いを持ってしまいそうな部分もあり、そこがまた魅力です。

大国主命《おおくにぬしのみこと》を中心とする出雲系の神々は、天照大神をはじめとする天孫系とは本来対立関係にありますが、大国主命の出番は多く、面

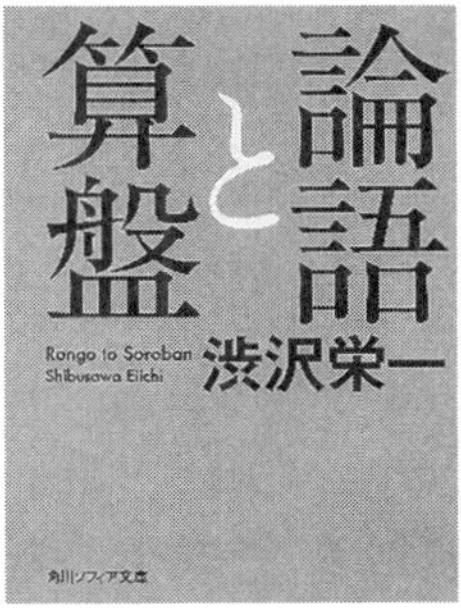

白い。この本は読みやすい現代語訳に加えて、丁寧な注釈があります。

『旧約聖書を知っていますか』 阿刀田高/著 新潮文庫

聖書は西洋文化を理解するのに欠かせません。新約聖書はキリスト教の聖典。旧約聖書はユダヤ教の聖典(キリスト教の聖典でもあります)。世界を創造した全能の神ヤハウェとイスラエルの民との契約と交流の物語です。天地創造、エデンの園、カインとアベル、ノアの箱舟などなじみのある話から、ヨブ記、レビ記、イザヤ書といった少々読みにくい部分も面白いエッセイにして読ませてくれるのがこの本です。

シリーズに『ギリシア神話を知っていますか』『新約聖書を知っていますか』『コーランを知っていますか』などもあるので併せてぜひ。

『弓と禅』 オイゲン・ヘリゲル/著 魚住孝至/訳・解説 角川ソフィア文庫

ドイツ人哲学者ヘリゲルが、日本で師について弓道を学び、禅の奥義を感得するまでを整理して著した本。精神集中と身体の鍛錬によって、いかに無心の境地に至ることができるのか。自らの体験のプロセスを丁寧に説明しています。世界で長く読まれ続けている日本論の名著です。弓道の師、阿波研造の言葉が深いのもさることながら、ヘリゲル自身の認識力もすごい。できる限りシンプルに伝えようとしており、すぐに読めます。

『カラマーゾフの兄弟』　ドストエフスキー／著　原卓也／訳　新潮文庫

最高峰の総合小説。読みやすくはないけれど、最高に面白くて深いこの傑作を読破するのは最もコストパフォーマンスがいい。

カラマーゾフ家の父親を殺したのは誰か？というサスペンスから、生とは何か、欲望とどう向き合うのか、神はいるのか、良心とは何かといった哲学的な問いの森へいざなわれます。気質も立場も価値観も異なり、それぞれ「過剰さ」を持った登場人物たちが対話しまくるバ

トルロイヤル。名場面は数知れません。体験としての読書とはこういうことか、と身に染みてわかること請け合いです。

『新版　徒然草　現代語訳付き』　兼好法師／著　小川剛生／訳注　角川ソフィア文庫

兼好の本質を捉える洞察力はすごい。一つひとつのエピソードが示唆的であるうえに、情緒とユーモアにあふれています。短文が２４３段あるだけなので、全段を読み通したいところ。中学校あたりで全段読むカリキュラムを組めばいいのに。現代語訳で確認しながら、気に入ったところは原文を声に出して読んでください。人生の大切なことは、あらかた『徒然草』に書いてあります。日本の古文の中で、最も現代にそのまま使える古典だと思います。

『自由への大いなる歩み』　M・L・キング／著　雪山慶正／訳　岩波新書

アメリカ公民権運動の指導者であり、「I have a dream.」という演説が有名なキング牧師による本。１９５５年アメリカのモンゴメリーで、黒人たちの大規模なバスのボイコット運動がありました。きっかけは、バスの白人優先席に座った黒人女性が、白人に席を譲ることを拒否し逮捕・拘留されたこと。ボイコット運動の指導者となったキング牧師が、その体験と非暴力的抵抗への哲学を生き生きと物語っています。

キング牧師の肉声が届くようで、当時の状況が身に染みてわかる名著です。

参考文献

『最強の人生指南書　佐藤一斎「言志四録」を読む』齋藤孝／著　祥伝社新書
『なぜ美人ばかりが得をするのか』ナンシー・エトコフ／著　木村博江／訳　草思社
『宮本武蔵』吉川英治／著　講談社
『折り返し点』宮崎駿／著　岩波書店
『西欧近代科学』村上陽一郎／著　新曜社
『魔女』ミシュレ／著　篠田浩一郎／訳　岩波文庫
『ぼくらの七日間戦争』宗田理／著　角川文庫
『五輪書』宮本武蔵／著　渡辺一郎／校注　岩波文庫
『風姿花伝』世阿弥／著　野上豊一郎・西尾実／校訂　岩波文庫
『新訳　星の王子さま』アントワーヌ・ド・サン＝テグジュペリ／著　倉橋由美子／訳　宝島社
『発酵』小泉武夫／著　中公新書
『この人を見よ』ニーチェ／著　手塚富雄／訳　岩波文庫
『方法序説』ルネ・デカルト／著　山田弘明／訳　ちくま学芸文庫
『論理哲学論考』ヴィトゲンシュタイン／著　丘沢静也／訳　光文社古典新訳文庫
『君主論』ニッコロ・マキアヴェッリ／著　佐々木毅／全訳注　講談社学術文庫

『饗宴』　プラトン／著　久保勉／訳　岩波文庫
『歴史とは何か』　E・H・カー／著　清水幾太郎／訳　岩波新書
『寝ながら学べる構造主義』　内田樹／著　文春新書
『ファスト&スロー』　ダニエル・カーネマン／著　村井章子／訳　友野典男／解説　早川書房
『理科読をはじめよう』　滝川洋二／編　岩波書店
『世界がわかる理系の名著』　鎌田浩毅／著　文春新書
『文系のための理系読書術』　齋藤孝／著　集英社文庫
『こども孫子の兵法』　齋藤孝／監修　日本図書センター
『21世紀の資本』　トマ・ピケティ／著　山形浩生・守岡桜・森本正史／訳　みすず書房
『$E=mc^2$』　デイヴィッド・ボダニス／著　伊藤文英・高橋知子・吉田三知世／訳　早川書房
『ソロモンの指環』　コンラート・ローレンツ／著　日高敏隆／訳　早川書房
『宇宙は何でできているのか』　村山斉／著　幻冬舎新書
『日本思想全史』　清水正之／著　ちくま新書
『常用字解［第二版］』　白川静／著　平凡社
『アイヌ文化の基礎知識』　アイヌ民族博物館／監修　児島恭子／増補・改訂版監修　草風館
『欲望の民主主義』　丸山俊一＋ＮＨＫ「欲望の民主主義」制作班著　幻冬舎新書
『資本主義の終焉、その先の世界』　榊原英資・水野和夫／著　詩想社新書
『人類の未来』　ノーム・チョムスキーほか　吉成真由美／インタビュー・編　ＮＨＫ出版新書

『ホモ・デウス』　ユヴァル・ノア・ハラリ／著　柴田裕之／訳　河出書房新社
『新訂　福翁自伝』　福沢諭吉／著　富田正文／校訂　岩波文庫
『山頭火俳句集』　種田山頭火／著　夏石番矢／編　岩波文庫
『中原中也詩集』　中原中也／著　大岡昇平／編　岩波文庫
『人間失格』　太宰治／著　新潮文庫
『走れメロス』　太宰治／著　新潮文庫
『オイディプス王』　ソポクレス／著　藤沢令夫／訳　岩波文庫
『フロイト全集　4』　新宮一成／訳　岩波書店
『マクベス』　シェイクスピア／著　福田恆存／訳　新潮文庫
『こころ』　夏目漱石／著　新潮文庫
『ドン・キホーテ』　セルバンテス／著　牛島信明／訳　岩波文庫
『銀の匙』　中勘助／著　岩波文庫
『別冊ＮＨＫ１００分de名著　読書の学校　齋藤孝　特別授業「銀の匙」』　齋藤孝／著　ＮＨＫ出版
『金閣寺』　三島由紀夫／著　新潮文庫
『東京オリンピック』　講談社／編　講談社文芸文庫
『詩のこころを読む』　茨木のり子／著　岩波ジュニア新書
『辞世の歌』　松村雄二／著　和歌文学会／監修　笠間書院

参考文献

『夜と霧』　ヴィクトール・Ｅ・フランクル／著　池田香代子／訳　みすず書房
『ある明治人の記録　会津人柴五郎の遺書』　石光真人／編著　中公新書
『謹訳　源氏物語』　紫式部／著　林望／現代語訳　祥伝社
『論語物語』　下村湖人／著　講談社学術文庫
『論語と算盤』　渋沢栄一／著　角川ソフィア文庫
『マンガ　老荘三〇〇〇年の知恵』　蔡志忠／作画　和田武司／訳　野末陳平／監修　講談社＋α文庫
『口語訳古事記［完全版］』　三浦佑之／訳・注釈　文藝春秋
『旧約聖書を知っていますか』　阿刀田高／著　新潮文庫
『新訳　弓と禅』　オイゲン・ヘリゲル／著　魚住孝至／訳・解説　角川ソフィア文庫
『カラマーゾフの兄弟』　ドストエフスキー／著　原卓也／訳　新潮文庫
『新版　徒然草　現代語訳付き』　兼好法師／著　小川剛生／訳注　角川ソフィア文庫
『自由への大いなる歩み』　M・L・キング／著　雪山慶正／訳　岩波新書

著者略歴

齋藤 孝（さいとう・たかし）

1960年静岡県生まれ。東京大学法学部卒業後、同大大学院教育学研究科博士課程等を経て、明治大学文学部教授。専門は教育学、身体論、コミュニケーション論。ベストセラー著者、文化人として多くのメディアに登場。主な著書に『声に出して読みたい日本語』（草思社）をはじめ、『三色ボールペンで読む日本語』『子どもの語彙力を伸ばすのは、親の務めです。』（KADOKAWA）、『質問力』（筑摩書房）、『1分で大切なことを伝える技術』（PHP新書）、『雑談力が上がる話し方』（ダイヤモンド社）、『1分間孫子の兵法』『知性の磨き方』（小社刊）など多数。『語彙力こそが教養である』（KADOKAWA）は18万部、『大人の語彙力ノート』（小社刊）は30万部を突破するベストセラーに。著書発行部数は1000万部を超える。NHK Eテレ「にほんごであそぼ」総合指導。

SB新書　460

読書《どくしょ》する人《ひと》だけがたどり着《つ》ける場所《ばしょ》

2019年１月15日 初版第１刷発行
2019年７月14日 初版第13刷発行

著　者　齋藤《さいとう》 孝《たかし》

発行者　小川 淳

発行所　SBクリエイティブ株式会社
〒106-0032　東京都港区六本木2-4-5
電話：03-5549-1201（営業部）

装　幀　長坂勇司（nagasaka design）

カバー・帯イラスト　羽賀翔一／コルク

編集協力　小川晶子

組　版　一企画

印刷・製本　大日本印刷株式会社

落丁本、乱丁本は小社営業部にてお取り替えいたします。定価はカバーに記載されております。本書の内容に関するご質問等は、小社学芸書籍編集部まで書面にてご連絡いただきますようお願いいたします。

ISBN 978-4-7973-9848-9